全国"七五"普法学习读本

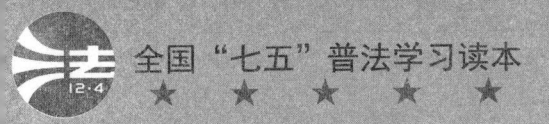

保险行业法律法规读本
保险专项法律法规

曾朝 主编

加大全民普法力度，建设社会主义法治文化，树立宪法法律至上、法律面前人人平等的法治理念。

——中国共产党第十九次全国代表大会《决胜全面建成小康社会 夺取新时代中国特色社会主义伟大胜利》

汕头大学出版社

图书在版编目（CIP）数据

保险专项法律法规 / 曾朝主编. -- 汕头：汕头大学出版社，2018.1

（保险行业法律法规读本）

ISBN 978-7-5658-3323-6

Ⅰ. ①保… Ⅱ. ①曾… Ⅲ. ①保险法-中国-学习参考资料 Ⅳ. ①D922.284.4

中国版本图书馆 CIP 数据核字（2018）第 000740 号

保险专项法律法规 BAOXIAN ZHUANXIANG FALÜ FAGUI

主　　编：	曾　朝
责任编辑：	邹　峰
责任技编：	黄东生
封面设计：	大华文苑
出版发行：	汕头大学出版社
	广东省汕头市大学路 243 号汕头大学校园内　邮政编码：515063
电　　话：	0754-82904613
印　　刷：	三河市祥宏印务有限公司
开　　本：	690mm×960mm 1/16
印　　张：	18
字　　数：	226 千字
版　　次：	2018 年 1 月第 1 版
印　　次：	2018 年 3 月第 1 次印刷
定　　价：	59.60 元（全 2 册）

ISBN 978-7-5658-3323-6

发行/广州发行中心　通讯邮购地址/广州市越秀区水荫路 56 号 3 栋 9A 室　邮政编码/510075
电话/020-37613848　传真/020-37637050

版权所有，翻版必究

如发现印装质量问题，请与承印厂联系退换

前言

习近平总书记指出:"推进全民守法,必须着力增强全民法治观念。要坚持把全民普法和守法作为依法治国的长期基础性工作,采取有力措施加强法制宣传教育。要坚持法治教育从娃娃抓起,把法治教育纳入国民教育体系和精神文明创建内容,由易到难、循序渐进不断增强青少年的规则意识。要健全公民和组织守法信用记录,完善守法诚信褒奖机制和违法失信行为惩戒机制,形成守法光荣、违法可耻的社会氛围,使遵法守法成为全体人民共同追求和自觉行动。"

2016年4月,中共中央、国务院转发了《中央宣传部、司法部关于在公民中开展法治宣传教育的第七个五年规划(2016—2020年)》,简称"七五"普法规划。并发出通知,要求各地区各部门结合实际认真贯彻执行。通知指出,全民普法和守法是依法治国的长期基础性工作。深入开展法治宣传教育,是贯彻落实党的十八大和十八届三中、四中、五中全会精神的重要任务,是实施"十三五"规划、全面建成小康社会和新农村的重要保障。

"七五"普法规划指出:各地区各部门要根据实际需要,从不同群体的特点出发,因地制宜开展有特色的法治宣传教育……坚持集中法治宣传教育与经常性法治宣传教育相结合,深化法律进机关、进乡村、进社区、进学校、进企业、进单位的"法律六进"主题活动,完善工作标准,建立长效机制。

特别是农业、农村和农民问题,始终是关系党和人民事业发展的全局性和根本性问题。党中央、国务院发布的《关于推进社会主义新农村建设的若干意见》中明确提出要"加强农村法制建设,深入开展农村普法教育，增强农民的法制观念，提高农民依法行使权利和履行义务的自觉性。"多年普法实践证明，普及法律知识，提高法制观念，增强全社会依法办事意识具有重要作用。特别是在广大农村进行普法教育，是提高全民法律素质的需要。

多年来，我国在农村实行的改革开放取得了极大成功，农村发生了翻天覆地的变化，广大农民生活水平大大得到了提高。但是，由于历史和社会等原因，现阶段我国一些地区农民文化素质还不高，不学法、不懂法、不守法现象虽然较原来有所改变，但仍有相当一部分群众的法制观念仍很淡化，不懂、不愿借助法律来保护自身权益，这就极易受到不法的侵害，或极易进行违法犯罪活动，严重阻碍了全面建成小康社会和新农村步伐。

为此，根据党和政府的指示精神以及"七五"普法规划，特别是根据广大农村农民的现状，在有关部门和专家的指导下，特别编辑了这套《全国"七五"普法学习读本》。主要包括了广大人民群众应知应懂、实际实用的法律法规。为了辅导学习，附录还收入了相应法律法规的条例准则、实施细则、解读解答、案例分析等；同时为了突出法律法规的实际实用特点，兼顾地方性和特殊性，附录还收入了部分某些地方性法律法规以及非法律法规的政策文件、管理制度、应用表格等内容，拓展了本书的知识范围，使法律法规更"接地气"，便于读者学习掌握和实际应用。

在众多法律法规中，我们通过甄别，淘汰了废止的，精选了最新的、权威的和全面的。但有部分法律法规有些条款不适应当下情况了，却没有颁布新的，我们又不能擅自改动，只得保留原有条款，但附录却有相应的补充修改意见或通知等。众多法律法规根据不同内容和受众特点，经过归类组合，优化配套。整套普法读本非常全面系统，具有很强的学习性、实用性和指导性，非常适合用于广大农村和城乡普法学习教育与实践指导。总之，是全社会"七五"普法的良好读本。

目 录

国家最新保险政策

保险销售行为可回溯管理暂行办法…………………………（1）
中国保监会关于进一步加强保险监管维护保险业稳定
    健康发展的通知……………………………………………（6）
关于切实做好社会保险扶贫工作的意见 …………………（10）
中国保监会关于保险业支持实体经济发展的指导意见 ………（14）
中国保监会关于保险业服务"一带一路"建设的指导意见……（19）
国务院办公厅关于加快发展商业养老保险的若干意见 ………（25）
中国保监会关于加强保险消费风险提示工作的意见 ………（31）
中国保监会关于保险资金投资政府和社会资本合作项目
    有关事项的通知…………………………………………（36）
国务院办公厅关于进一步深化基本医疗保险支付方式改革的
    指导意见…………………………………………………（38）
生育保险和职工基本医疗保险合并实施试点方案 …………（44）
城乡居民基本医疗保险（新型农村合作医疗）跨省就医联网结报
    定点医疗机构操作规范…………………………………（48）
人力资源社会保障部、财政部关于调整失业保险金标准的
    指导意见…………………………………………………（57）
人力资源社会保障部、财政部关于失业保险支持参保职工
    提升职业技能有关问题的通知 ………………………（59）
人力资源社会保障部关于工伤保险待遇调整和确定机制的
    指导意见…………………………………………………（62）

财政部　国家发展和改革委员会关于暂免征银行业监管费和
　　保险业监管费的通知 ………………………………………（66）
人力资源社会保障部办公厅关于贯彻落实贪污社会保险基金
　　属于刑法贪污罪中较重情节规定的通知 ……………………（67）
中国保监会关于开展重点新材料首批次应用保险试点工作的
　　指导意见 ………………………………………………………（70）
中国保监会关于整治机动车辆保险市场乱象的通知 …………（73）

保险公司合规管理办法

第一章　总　　则 ……………………………………………（78）
第二章　董事会、监事会和总经理的合规职责 ………………（79）
第三章　合规负责人和合规管理部门 …………………………（80）
第四章　合规管理 ………………………………………………（83）
第五章　合规的外部监督 ………………………………………（86）
第六章　附　　则 ………………………………………………（87）

社会保险基金财务制度

第一章　总　　则 ……………………………………………（89）
第二章　基金预算 ………………………………………………（90）
第三章　基金筹集 ………………………………………………（92）
第四章　基金支付 ………………………………………………（95）
第五章　基金结余 ………………………………………………（101）
第六章　账户管理 ………………………………………………（102）
第七章　资产与负债 ……………………………………………（104）
第八章　基金决算 ………………………………………………（105）
第九章　监督检查 ………………………………………………（106）
第十章　附　　则 ………………………………………………（107）

信用保证保险业务监管暂行办法

第一章　总　则……………………………………………（108）
第二章　经营规则…………………………………………（109）
第三章　内控管理…………………………………………（111）
第四章　监督管理…………………………………………（113）
第五章　附　则……………………………………………（115）
附　录
　中国保监会关于进一步加强保险公司关联交易管理
　　有关事项的通知…………………………………………（116）
　中国保监会关于进一步加强保险公司开业
　　验收工作的通知…………………………………………（120）
　中国保监会关于进一步加强保险资金股票投资监管
　　有关事项的通知…………………………………………（123）

再保险业务管理规定

第一章　总　则……………………………………………（128）
第二章　业务经营…………………………………………（130）
第三章　再保险经纪业务…………………………………（131）
第四章　监督管理…………………………………………（132）
第五章　法律责任…………………………………………（134）
第六章　附　则……………………………………………（135）
附　录
　中国保监会办公厅关于《再保险业务管理规定》
　　第十一条适用范围的复函………………………………（136）

国家最新保险政策

保险销售行为可回溯管理暂行办法

中国保监会关于印发
《保险销售行为可回溯管理暂行办法》的通知
保监发〔2017〕54号

各保监局、中国保险信息技术管理有限责任公司、中国保险行业协会，各保险公司、保险中介机构：

为规范保险销售行为，维护保险消费者合法权益，促进行业持续健康发展，根据国务院办公厅《关于加强金融消费者权益保护工作的指导意见》（国办发〔2015〕81号）精神及相关法律法规，我会制订了《保险销售行为可回溯管理暂行办法》（以下简称《办法》）。现印发给你们，并提出以下要求，请遵照执行。

一、各保险公司、各保险中介机构要高度重视，按照《办法》要求，修订管理制度，改造业务系统，强化人员培训，提供设备保障，确保保险销售行为可回溯管理工作顺利实施。

二、各保监局应通过窗口指导、现场督导、现场检查等方式督促保险公司分支机构、保险中介机构落实《办法》相关规定，并将落实情况纳入保险公司分支机构分类监管。已开展保险销售行为可回溯试点工作的保监局，可在落实《办法》的基础上，对本地区已试点销售行为可回溯的险种、渠道继续实施可回溯管理。

三、中国保险行业协会、中国保险信息技术管理有限责任公司应积极支持保险销售行为可回溯管理工作的开展，做好相关配合工作。

四、《办法》正式实施后仍不符合要求的，应立即停止开展相关保险业务。

中国保监会
2017年6月28日

第一条　为进一步规范保险销售行为，维护保险消费者合法权益，促进保险业持续健康发展，依据《保险法》和中国保监会有关规定，制定本办法。

第二条　本办法所称保险销售行为可回溯，是指保险公司、保险中介机构通过录音录像等技术手段采集视听资料、电子数据的方式，记录和保存保险销售过程关键环节，实现销售行为可回放、重要信息可查询、问题责任可确认。

第三条　本办法所称保险公司为经营人身保险业务和财产保险业务的保险公司，专业自保公司除外。

本办法所称保险中介机构是指保险专业中介机构和保险兼业代理机构，其中保险专业中介机构包括保险专业代理机构和保险经纪人，保险兼业代理机构包括银行类保险兼业代理机构和非银行类保险兼业代理机构。

第四条 保险公司、保险中介机构销售本办法规定的投保人为自然人的保险产品时,必须实施保险销售行为可回溯管理。团体保险产品除外。

第五条 保险公司、保险中介机构开展电话销售业务,应将电话通话过程全程录音并备份存档,不得规避电话销售系统向投保人销售保险产品。

保险公司、保险中介机构开展互联网保险业务,依照中国保监会互联网保险业务监管的有关规定开展可回溯管理。

第六条 除电话销售业务和互联网保险业务之外,人身保险公司销售保险产品符合下列情形之一的,应在取得投保人同意后,对销售过程关键环节以现场同步录音录像的方式予以记录:

(一)通过保险兼业代理机构销售保险期间超过一年的人身保险产品,包括利用保险兼业代理机构营业场所内自助终端等设备进行销售。国务院金融监督管理机构另有规定的,从其规定。

(二)通过保险兼业代理机构以外的其他销售渠道,销售投资连结保险产品,或向60周岁(含)以上年龄的投保人销售保险期间超过一年的人身保险产品。

第七条 在实施现场同步录音录像过程中,录制内容至少包含以下销售过程关键环节:

(一)保险销售从业人员出示有效身份证明;

(二)保险销售从业人员出示投保提示书、产品条款和免除保险人责任条款的书面说明;

(三)保险销售从业人员向投保人履行明确说明义务,告知投保人所购买产品为保险产品,以及承保保险机构名称、保险责任、缴费方式、缴费金额、缴费期间、保险期间和犹豫期后退保损失风险等。

保险销售从业人员销售人身保险新型产品,应说明保单利益的不确定性;销售健康保险产品,应说明保险合同观察期的起算时间及对投保人权益的影响、合同指定医疗机构、续保条件和医疗费用补偿原则等。

（四）投保人对保险销售从业人员的说明告知内容作出明确肯定答复。

（五）投保人签署投保单、投保提示书、免除保险人责任条款的书面说明等相关文件。

保险销售从业人员销售以死亡为给付条件保险产品的，录制内容应包括被保险人同意投保人为其订立保险合同并认可合同内容；销售人身保险新型产品的，还应包括保险销售从业人员出示产品说明书、投保人抄录投保单风险提示语句等。

第八条　保险销售行为现场同步录音录像应符合相关业务规范要求，视听资料应真实、完整、连续，能清晰辨识人员面部特征、交谈内容以及相关证件、文件和签名，录制后不得进行任何形式的剪辑。

第九条　保险专业中介机构、非银行类保险兼业代理机构应在录音录像完成后将录制的视听资料和其他业务档案一并反馈至承保保险公司。

银行类保险兼业代理机构应在录音录像完成后将新单业务录制成功的信息和其他业务档案一并反馈至承保保险公司。

第十条　保险公司应建立视听资料质检体系，制定质检制度，建立质检信息系统，配备与销售人员岗位分离的质检人员，对成交件视听资料按不低于30%的比例在犹豫期内全程质检。其中，对符合本办法第六条第二项规定的保险业务视听资料应实现100%质检。

保险公司在质检中发现视听资料不符合本办法要求的，应当自发现问题之日起15个工作日内整改。

银行类保险兼业代理机构自存视听资料、且未向保险公司提供视听资料的，应依照上述要求建立视听资料质检体系，自行开展质检，并将质检结果及时反馈至承保保险公司。

中国保监会对保险电话销售业务质检另有规定的，从其规定。

第十一条 保险公司对符合本办法第六条规定的保险业务开展回访时，回访用语应包括"投保时是否接受了录音录像、录音录像中陈述是否为其真实意思表示"等内容。

第十二条 保险公司省级以上机构、银行类保险兼业代理机构负责视听资料的保存，保险公司其他分支机构、保险专业中介机构、非银行类保险兼业代理机构以及保险销售从业人员不得擅自保存视听资料。

保险公司委托保险中介机构开展电话销售业务，保险中介机构可保存电话销售业务的录音资料，但应向保险公司提供成交保单的完整录音资料。

第十三条 保险公司、银行类保险兼业代理机构应制定视听资料管理办法，明确管理责任，规范调阅程序。视听资料保管期限自保险合同终止之日起计算，保险期间在一年以下的不得少于五年，保险期间超过一年的不得少于十年。如遇消费者投诉、法律诉讼等纠纷，还应至少保存至纠纷结束后二年。

第十四条 保险公司、保险中介机构应严格依照有关法律法规，加强对投保人、被保险人的个人信息保护工作，对录音录像等视听资料内容、电子数据严格保密，不得外泄和擅自复制，严禁将资料用作其他商业用途。

第十五条 保险公司、保险中介机构应建立完善内部控制制度，对未按本办法规定实施销售行为可回溯管理的，应追究直接负责的主管人员和其他直接责任人员的责任。

第十六条 对未按本办法规定实施销售行为可回溯管理的保险公司、保险中介机构，中国保监会及派出机构应依法采取监管措施。

第十七条 本办法由中国保监会负责解释。

第十八条 本办法自2017年11月1日起实施。

中国保监会关于进一步加强保险监管维护保险业稳定健康发展的通知

保监发〔2017〕34号

机关各部门、各保监局：

为深入贯彻党的十八届六中全会和中央经济工作会议精神、特别是习近平总书记关于金融工作的重要指示精神，落实党中央国务院关于做好金融业风险防范工作的有关部署，明确当前和今后一个时期加强保险监管、治理市场乱象、补齐监管短板、防范行业风险的任务和要求，现就有关工作通知如下：

一、当前保险业面临的形势

党的十八大以来，在党中央国务院的正确领导下，保险业牢牢把握服务供给侧结构性改革和脱贫攻坚战略两大主线，实现了持续较快增长，保障能力不断增强，服务实体经济能力不断提升。同时，我们也要清醒认识到，当前金融工作面临的国内外形势依然错综复杂，不稳定不确定性因素并未减少，经济稳定运行的基础仍然不够牢固，一些困难和矛盾在金融领域会继续有所反映。保险业作为金融的重要组成部分，仍然面临多重因素共振、多种风险交织的复杂局面。

近一时期，在利率环境复杂、资产配置难度大的背景下，少数保险公司发展模式激进，资产与负债严重错配，存在较大的流动性风险隐患；部分保险公司治理结构不完善、内控制度不健全，存在股东虚假注资、内部人控制等问题；行业整体偿付能力保持充足，但个体分化明显，偿付能力下降和处于关注区域的公司数量有所增加，局部风险增大，风险点增多；一些保险机构盲目跨领域跨市场并购，个别保险资管产品多层嵌套，极易产生风险交叉传递。

当前保险业存在的突出风险和问题，既有部分保险机构急功近利、贪快求全等因素，也暴露出保险业改革探索经验不足，保险监管制度和实践中还存在一些短板，对风险的本质和演变的警惕性还不够高，对创新业务的监管制度还不够严密，监管机制的统筹协调尚待进一步完善等。

党中央国务院历来高度重视金融风险防控，习近平总书记强调，要把防控金融风险放到更加重要的位置，强化统筹协调，及时弥补监管短板，坚决治理市场乱象，提升金融服务实体经济的质量和水平。保险监管系统要深入查找和深刻反思当前保险业及保险监管存在的问题，坚定不移强化监管，坚决果断治理乱象，坚持不断完善制度，坚决守住不发生系统性风险底线，维护整个金融体系的稳健安全运行。

二、当前和今后一段时期保险监管的主要任务

保险监管系统要切实把思想和行动统一到党中央国务院对金融保险工作的要求和部署上来，当前和今后一段时期的主要任务是深入做好制度监管漏洞排查，加快补足制度短板，全面强化审慎监管，清理整顿保险市场秩序，切实担负起防控风险和引导保险业健康发展的责任。

（一）强化监管力度，持续整治市场乱象。要始终坚持"严"字当头，严防严管严控保险市场违法违规行为。要把业务扩张激进、风险指标偏离度大的异常机构作为监管重点，在市场准入、产品审批备案、高管核准等方面进行必要的限制。要配足配强监管资源，对重点关注的公司就有无违规资金运用、股东虚假注资、公司治理失效、信息披露不实等问题实施全面清查。要依法加大行政处罚力度，始终保持监管高压态势，对影响恶劣、屡查屡犯的机构采取顶格处罚，坚决遏制顶风作案行为。对利用保费虚假注资、关联交易侵占公司利益等挑战监管底线、无视国家法律的违法犯罪行为，坚决移送司法处理。

（二）补齐监管短板，切实堵塞监管制度漏洞。要积极借鉴国际监管标准，结合我国保险业实际风险状况，系统梳理行政许可、信息披露、非现场监管、现场检查、投诉举报处理、行政处罚等方面的制度和流程，深入排查监管漏洞，尽快补齐制度短板；要加强各领域监管制度的协调统一，重点加强对创新业务和交叉领域的制度完善，防止监管套利；要针对取消、简化的审批项目加快完善监管规则，在放开前端的同时切实管住管好后端，用制度的卡尺对违规行为进行约束，以规则的红线为灰色地带竖起围墙。

（三）坚持底线思维，严密防控风险。要明确风险防控目标，努力减少存量风险、控制增量风险。要增强同风险赛跑的意识，摸清风险底数，关注和紧盯重点公司、重点领域和重点产品的风险，防止个体风险演变为局部风险、局部风险演变为整个行业风险。要敢于碰硬、敢于揭盖、果断出手，有序处置一批风险点，同时，对风险处置中的风险及可能产生的次生风险有充分的预计和应对预案，确保总体可控。

（四）创新体制机制，提升保险服务实体经济能力和水平。要坚持保险服务实体经济的本质要求，积极把握"一带一路"、京津冀协同发展、长江经济带等国家战略的机遇，鼓励保险资金投资国家重大工程建设，参与去杠杆和服务中小微企业发展，实现金融资本与实体产业的优势互补、和谐共赢。充分发挥保险风险管理与保障功能，创新保险产品和业务模式，助力公共治理体系建设与社会保障体系完善。

三、做好当前保险监管工作的总体要求

保险监管系统要以高度的政治责任感和使命感，自觉从全局高度谋划推进强监管、治乱象、补短板、防风险、服务实体经济等工作，始终坚持"保险业姓保、保监会姓监"，勇于担当，埋头苦干，奋发有为，以过硬作风推动各项措施真正落到实处、见到成效。

（一）要勇于担当。各单位要充分认识当前保险业和保险监管面临的复杂形势，在风险防控的关键时期，坚持守土有责、守土尽责，扎实有序做好保险监管和保险业改革发展稳定各项工作。要加强组织领导，强化责任担当，切实做到监管系统思想统一、行动一致，形成强有力的监管合力。要下定决心、坚定信心、主动作为，在发现和揭示问题的同时，对可能出现的各种风险和极端情况做好思想准备、政策储备和工作准备。要坚持标本兼治，正本清源，在防控风险中深化改革、健全制度，引导保险业回归本源，突出主业，稳健发展，在支持实体经济转型升级中发挥保险独特作用。

（二）要落地见效。各单位要按照保监会总体要求和部署，针对各领域、各辖区的实际情况，制定切实可行的行动方案，切实做到底数清、情况明、症结准、措施实。要督促各保险机构全面对标监管制度，排查内部管理制度的空白与漏洞，逐项增补完善，及时将监管要求转化为公司治理、业务经营和风险控制的政策、流程和方法，确保各项监管制度落地生效。

（三）要强化问责。各单位要切实落实全面从严治党要求，主要负责人要当好"第一责任人"，建立健全风险责任体系和问责制度，层层压实责任。各级保险监管部门要切实负起监管责任，对重大违法违规的保险机构实施更加严格的监管、更加严厉的处罚、更加严肃的问责。要引导保险机构制定公司内部责任追究办法，明确责任追究的范围、对象、标准、程序，切实履行防控风险的主体责任。要加强对监管行为再监督，严肃监管纪律，严防内外勾结干扰监管工作正常进行。

各单位要深入贯彻落实党中央国务院关于金融工作的要求，按照保监会统一部署，振奋精神、善做善为，切实加强和改进保险监管，维护保险业稳定健康发展，以优异成绩迎接党的十九大胜利召开。

中国保监会
2017年4月20日

关于切实做好社会保险扶贫工作的意见

人社部发〔2017〕59号

各省、自治区、直辖市及新疆生产建设兵团人力资源社会保障厅（局）、财政（务）厅（局）、扶贫办：

为贯彻党中央、国务院关于打赢脱贫攻坚战的决策部署，落实"十三五"脱贫攻坚规划，进一步织密扎牢社会保障"安全网"，现就做好社会保险扶贫工作提出如下意见：

一、明确社会保险扶贫的目标任务

社会保险扶贫的目标任务是，充分发挥现行社会保险政策作用，完善并落实社会保险扶贫政策，提升社会保险经办服务水平，支持帮助建档立卡贫困人口、低保对象、特困人员等困难群体（以下简称贫困人员）及其他社会成员参加社会保险，基本实现法定人员全覆盖，逐步提高社会保险待遇水平，助力参保贫困人员精准脱贫，同时避免其他参保人员因年老、疾病、工伤、失业等原因陷入贫困，为打赢脱贫攻坚战贡献力量。

二、完善并落实社会保险扶贫政策

（一）减轻贫困人员参保缴费负担。对建档立卡未标注脱贫的贫困人口、低保对象、特困人员等困难群体，参加城乡居民基本养老保险的，地方人民政府为其代缴部分或全部最低标准养老保险费，并在提高最低缴费档次时，对其保留现行最低缴费档次。对贫困人员参加城乡居民基本医疗保险个人缴费部分由财政给予补贴。进一步做好建筑业农民工按项目参加工伤保险工作，对用工方式灵活、流动性大、建档立卡农村贫困劳动力（以下简称贫困劳动力）相对集中的行业，探索按项目等方式参加工伤保险。用人单位招用农民合同制工人应当依法缴纳失业保险费，农民合同制工人本人不缴纳失业保险费。依法将包括农民工在内的合同制工人纳入生育保险，由用人单位缴纳生育保险费，职工个人不缴费。

（二）减轻贫困人员医疗费用负担。结合城乡居民基本医疗保险制度整合，做好制度平稳并轨，确保贫困人员保障待遇不降低。巩固完善城乡居民大病保险，对贫困人员通过降低起付线、提高报销比例和封顶线等倾斜性政策，实行精准支付。对贫困人员中已核准的因病致贫返贫患者，通过加强基本医保、大病保险和医疗救助的有效衔接，实施综合保障，提高其医保受益水平。对其他罹患重特大疾病陷入贫困的患者，可采取综合保障措施。对工伤尘肺病患者，按规定将疗效可靠的尘肺病治疗药物列入工伤保险药品目录，将符合医疗诊疗规范的尘肺病治疗技术和手段纳入工伤保险基金支付范围。将参加城乡居民基本医疗保险的非就业妇女符合条件的住院分娩医疗费用纳入城乡居民基本医疗保险报销范围。

（三）适时提高社会保险待遇水平。研究建立城乡居民基本养老保险待遇确定与基础养老金最低标准正常调整机制，完善城乡居民基本养老保险筹资和保障机制。根据经济发展和居民收入水平增长情况，适时适度逐步提高城乡居民基本养老保险最低缴费标准和基础养老金标准。强化多缴多得、长缴多得的激励约束机制，完善缴费补贴政策，引导城乡居民主动参保缴费。完善基本养老保险基金投资运营政策，加强风险管理，提高投资回报率。农民合同制工人在用人单位依法为其缴纳失业保险费满1年，劳动合同期满不续订或提前与其解除劳动合同后，可申领一次性生活补助。

（四）体现对贫困人员的适度优先。加强城乡居民基本养老保险与农村最低生活保障、特困人员救助供养等社会救助制度的统筹衔接，"十三五"期间，在认定农村低保和扶贫对象时，中央确定的城乡居民基本养老保险基础养老金暂不计入家庭收入。充分运用浮动费率政策，促使企业加强工伤预防，有效降低工伤发生率。对符合工伤保险待遇先行支付情形的贫困劳动力，工伤保险经办机构应给予先行支付。有条件的地区可打破户籍限制，统一农民合同制工人和城镇职工失业保险政策。

三、强化社会保险扶贫的保障措施

（一）推进贫困人员应保尽保和法定人员全覆盖。全面实施全民参保计划，深入贫困地区、农民工集中的高风险行业、单位和岗位，重点摸清贫困人员和贫困劳动力参加社会保险情况，采取通俗易懂的方式开展政策宣传。根据贫困人员和贫困劳动力参保信息，认真落实社会保险扶贫政策，积极主动开展参保登记及缴费等经办服务工作。各地社会保险经办机构要按规定支付参保人员社会保险待遇。

（二）增强贫困地区社会保险经办服务能力。各地要科学整合贫困地区现有公共服务资源和社会保险经办管理资源，采取政府购买服务、增加公益性岗位、聘用合同工等方式充实基层经办力量。加强经办窗口作风建设，简化优化流程，推进标准应用，提升服务水平。加大贫困地区社会保险经办人员培训支持力度，开展"送培训到基层"活动，提高培训层次和质量。组织实施"互联网+人社"2020行动计划，将社会保险信息系统向基层延伸，打造方便快捷的基层经办平台。

（三）提高对贫困人员的医疗保险服务水平。加强定点医疗机构监管，完善协议管理，积极探索按人头、按病种等付费方式，促进医疗机构为贫困人员提供合理必要的医疗服务，主动控制医疗成本，进一步降低其医疗费用负担。充分依托基层医疗卫生机构，结合建立分级诊疗体系，完善医保差异化支付政策，适当提高基层医疗卫生机构政策范围内医疗费用报销比例，促进贫困人员就近合理有序就医。依托基本医保信息平台，实现基本医保、大病保险、医疗救助"一站式"即时结算，切实减轻贫困患者垫资压力。

（四）加强对社会保险扶贫工作的组织领导。各地要充分认识开展社会保险扶贫工作的重要性，围绕扶贫大局，创新思路对策，加强协调配合，全力抓好社会保险扶贫政策的落实。人力资源社会保障部和国务院扶贫办建立信息共享机制，定期开展建档立卡贫困人口与全国社会保险参保人员数据信息比对工作。各级人力资源社会保障部门要建立管理台账，做好人员标识，动态掌握建档立卡贫困人口参保和待遇保障情况，为实施社会保险精准扶贫提供数据支撑。各地财政部门要做好社会保险补助资金的预算安排和分配下达，确保按时足额拨付到位。

各地人力资源社会保障、财政、扶贫部门要按照各自职责，加强工作调度，防范廉政风险，定期开展督促检查。对推进社会保险扶贫工作成效突出的地区和个人，推广其经验做法，营造良好社会氛围；对思想认识不到位、扶贫政策不落实、廉政风险防范不力的，予以通报批评并责成及时纠正，确保完成社会保险扶贫目标任务。

人力资源社会保障部
财政部
国务院扶贫开发领导小组办公室
2017 年 8 月 1 日

中国保监会关于保险业支持实体经济发展的指导意见

保监发〔2017〕42号

各保险集团（控股）公司、保险公司、保险资产管理公司：

为全面贯彻落实党中央、国务院关于金融支持实体经济的决策部署，充分发挥保险风险管理与保障功能，拓宽保险资金支持实体经济渠道，促进保险业持续向振兴实体经济发力、聚力，提升保险业服务实体经济的质量和效率，现提出以下意见：

一、总体要求

全面贯彻党的十八大和十八届三中、四中、五中、六中全会精神，深入贯彻习近平总书记系列重要讲话精神，充分认识金融服务实体经济的重要意义，坚持服务国家战略和实体经济的导向，发挥保险业务和资金独特优势，做实体经济服务者和价值的发现者；坚持改革创新的理念，适应实体经济发展的不同需求，不断创新保险产品、业务模式和保险资金运用方式，拓宽支持实体经济的渠道；坚持发挥市场在资源配置中的决定性作用，遵循依法合规和专业化、市场化运作原则。

二、积极构筑实体经济的风险管理保障体系

（一）完善社会风险保障功能，发挥实体经济稳定器作用。积极发展企业财产保险、工程保险、责任保险、意外伤害保险等险种，为实体经济稳定运行提供风险保障。重点发展与公众利益关系密切的环境污染、食品安全、医疗责任、校园安全等领域的责任保险，充分发挥保险业辅助社会治理作用。推动完善大病保险制度，提高大病保险承办质量和统筹层次，推动大病保险政策向建档立卡贫困人群的倾斜，形成基本医保、大病保险、社会救助等衔接机制。在总结试点经验基础上,推进税优健康保险在全国推广。积极推动个人税收递延养老保险试点政策出台并落地实施。鼓励保险公司创新开发产品,开展地方试点,准确把握社会需求,扩大承保覆盖面。指导保险公司提升理赔服务水平,切实化解矛盾纠纷,降低实体经济运行成本,共同参与和谐社会建设。

(二)完善农业风险管理机制,推动中国特色农业现代化。持续推进农业保险扩面、提标、增品,开发满足新型农业经营主体需求的保险产品,采取以奖代补方式支持地方开展特色农产品保险。开展农产品价格指数保险试点,探索建立农产品收入保险制度,稳步扩大"保险+期货"试点,利用保险业务协同优势,运用农产品期货、期权等工具对冲有关风险。推进支农支小试点,探索支农支小融资模式创新,通过保险资产管理产品直接对接农户、农业合作社、小微企业和个体经营者的融资需求,丰富农业风险管理工具。完善农业保险大灾风险分散机制和农业再保险体系,持续助力现代农业发展。

(三)增强保险增信作用,助力小微企业融资和出口企业"走出去"。大力发展普惠金融,持续推动小额贷款保证保险业务发展,指导完善"政银保"模式运行机制,为小微企业融资提供保险增信服务,助力缓解小微企业融资难、融资贵问题。稳步推动短期出口信用保险发展,充分发挥信用保险功能作用,扩大信用保险覆盖面,支持我国外贸稳定增长,增强我国出口企业竞争力,为出口企业提供收汇风险保障。支持中长期出口信用险和海外投资险业务发展,促进我国企业"走出去"和"一带一路"建设。

(四)发挥保险产品和资金优势,推动健康和养老产业发展。鼓励创新养老保险产品,发展多样化医疗健康保险服务。支持保险资金参与医疗、养老和健康产业投资,支持保险资金以投资新建、参股、并购等方式兴办养老社区,增加社会养老资源供给,促进保险业和养老产业共同发展。

三、大力引导保险资金服务国家发展战略

（五）支持供给侧结构性改革。紧紧围绕供给侧结构性改革和"去产能、去库存、去杠杆、降成本、补短板"五大重点任务，积极发挥保险资金融通和引导作用。支持保险资产管理机构发起设立去产能并购重组基金，促进钢铁、煤炭等行业加快转型发展和实现脱困升级。支持保险资金发起设立债转股实施机构，开展市场化债转股业务。支持保险资产管理机构开展不良资产处置等特殊机会投资业务、发起设立专项债转股基金等。

（六）支持"一带一路"建设。推动保险机构不断提升境外投资能力，支持保险资金参与"一带一路"沿线国家和地区的重大基础设施、重要资源开发、关键产业合作和金融合作。支持保险资金为"一带一路"框架内的经贸合作和双边、多边的互联互通提供投融资支持，通过股权、债权、股债结合、基金等形式为大型投资项目提供长期资金支撑。鼓励中资保险机构"走出去"，在"一带一路"沿线国家或地区布局，为"一带一路"建设提供保险保障服务。

（七）支持国家区域经济发展战略。鼓励保险资金服务京津冀协同发展、长江经济带以及西部开发、东北振兴、中部崛起、东部率先等区域发展。支持保险资金对接国家自贸区建设和粤港澳大湾区等城市群发展的重点项目和工程。积极引导和支持保险资金参与雄安新区建设，探索新的投融资机制，对于新区的交通基础设施、水利、生态、能源、公共服务等重大项目给予长期资金支持。

（八）支持军民融合发展和《中国制造2025》。鼓励保险资金服务军民融合发展，积极探索保险资金参与军工产融合作模式，支持保险机构和军工企业共同发起设立保险军民融合发展基金。鼓励保险资产管理机构发起设立支持制造业创新发展、兼并重组和转型升级的债权计划、股权计划和股权投资基金等金融产品，更好服务《中国制造2025》各项任务。

（九）推进保险资金参与PPP项目和重大工程建设。支持符合条件的保险资产管理公司等专业管理机构，作为受托人发起设立基础设施投资计划，募集保险资金投资符合条件的PPP项目。在风险可控的前提下，调整PPP项目公司提供融资的主体资质、信用增级等监管要求，推动PPP项目融资模式创新。鼓励保险资金投资关系国计民生的各类基础设施项目和民生工程，逐步完善投资计划监管标准，放宽信用增级要求和担保主体范围，扩大免增信融资主体数量，创新交易结构，精准支持对宏观经济和区域经济具有重要带动作用的重点项目和工程。

四、不断创新保险业服务实体经济形式

（十）创新保险扶贫基金，助力国家脱贫攻坚战略。推进中国保险业产业扶贫投资基金，积极探索引导保险资金通过市场化产业投资开展对贫困地区的精准扶贫。设立中国保险业扶贫公益基金，创新保险产品对贫困人口的精准扶贫。积极发挥中国保险投资基金和上海保险交易所服务国家脱贫攻坚战略的平台作用。

（十一）创新再保险和巨灾险业务模式，为实体经济保驾护航。发挥再保险创新引领作用，建设区域性再保险中心，加大再保险对国家重点项目的大型风险、特殊风险的保险保障。发展巨灾保险，支持保险资产管理机构作为受托人，通过资产支持计划等形式开展巨灾保险风险证券化业务。

（十二）完善新技术、新业态保险服务，支持实体经济创新战略。研究开展专利保险试点工作，分散科技企业创新风险，降低企业专利维权成本，为科技企业自主创新、融资、并购等提供全方位的保险服务。推广首台（套）重大技术装备的保险风险补偿机制，会同财政部、工信部修订首台（套）重大技术装备指导目录，研究深化首台（套）重大技术装备试点。研究启动新材料首批次应用保险补偿机制试点，促进企业创新和科技成果产业化。落实"互联网+"行动，鼓励保险机构围绕互联网开展商业模式、销售渠道、产品服务等领域的创新,更好满足不同层次实体经济的风险管理需求。

五、持续改进和加强保险监管与政策引导

(十三)逐步调整和优化比例及资本监管。注重风险实质判断,动态审慎调整投资资产的分类和资本要求。对于基础资产为国家政策明确支持的基础设施、保障房、城镇化建设等项目,且具有保证条款的股权计划和私募基金,研究调整其所属的大类资产类别和优化偿付能力资本要求。研究保险资金投资金融产品的监管比例,按照基础资产属性实施穿透性监管。

(十四)积极推进差异化监管和分类监管试点。研究推进差异化监管,对于经营运作稳健、资产负债管理科学、投资管理能力优良的保险机构,支持其开展各类创新试点业务。研究建立保险资金非重大股权投资负面清单制度,支持保险机构根据资产负债匹配和偿付能力状况自主选择所投资未上市企业的行业范围。对于保险资金投资国家发展战略和国家重大工程的项目和产品,在政策上给予适度倾斜,在产品注册、备案、审核等环节给予优先支持。

(十五)着力防范和化解重点领域风险隐患。切实强化风险防范和监管,加强对重点风险领域和重点公司的风险预警,落实风险责任和责任追究机制。严格规范和治理违规开展关联交易、利益输送等行为,抑制产融无序结合和资金脱实向虚。坚持去杠杆、去嵌套、去通道导向,引导保险资金秉承价值投资、长期投资和稳健投资原则,为国家战略和实体经济提供长期稳定的优质资金。加强金融监管协调,防范风险跨行业传递,牢牢守住不发生系统性风险底线。

中国保监会
2017 年 5 月 4 日

中国保监会关于保险业服务
"一带一路"建设的指导意见

保监发〔2017〕38号

机关各部门，各保监局，培训中心、服务中心，中国保险保障基金有限责任公司、中国保险信息技术管理有限责任公司、中保投资有限责任公司、上海保险交易所股份有限公司、中国保险报业股份有限公司，中国保险行业协会、中国保险学会、中国精算师协会、中国保险资产管理业协会，各保险集团（控股）公司、保险公司、保险资产管理公司、保险专业中介机构：

建设丝绸之路经济带和21世纪海上丝绸之路（以下简称"一带一路"），是以习近平同志为核心的党中央审时度势、主动应对经济全球化形势深刻变化，统筹国际国内两个大局，为实现中华民族伟大复兴中国梦做出的重大战略决策。为充分发挥保险功能作用，全方位服务和保障"一带一路"建设，现提出以下指导意见。

一、充分认识保险业服务"一带一路"建设的重要意义

（一）发挥保险功能作用，是顺利推进"一带一路"战略的重要助力。"一带一路"战略辐射区域涉及国别众多，人口数量庞大，地缘政治、经济关系复杂多变，我国企业"走出去"过程中将面临较多的政治、经济、法律风险和违约风险。保险业作为管理风险的特殊行业，自身特点决定了行业服务"一带一路"建设具有天然优势，能够为"一带一路"跨境合作提供全面的风险保障与服务，减轻我国企业"走出去"的后顾之忧，为加快推进"一带一路"建设提供有力支撑。

（二）融入"一带一路"建设，是建设保险强国的必由之路。"一带一路"战略的实施，必将开创我国全方位对外开放新格局。

"一带一路"建设为保险业创造了巨大的战略机遇,是保险业全面融入国家战略,扩大对外开放,实现行业跨越式发展的有利契机,对于提升我国保险业国际化能力和水平、增强国际竞争力、促进我国由保险大国向保险强国转变具有重要意义。

二、基本原则

(三)坚持"保险业姓保"、服务大局。围绕"一带一路"建设总体规划和扩大开放宏观布局,坚守"保险业姓保"的行业根基,充分发挥保险功能作用,主动对接"一带一路"建设过程中的各类保障需求和融资需求,不断创新保险产品服务,努力使保险成为"一带一路"建设的重要支撑。

(四)坚持统筹推进、重点突破。统筹做好保险业服务"一带一路"建设顶层设计,从行业层面整体推进,在产品、资金、机构、人才等领域协同发力,提升保险业服务"一带一路"建设的渗透度和覆盖面。坚持问题导向,围绕"一带一路"建设的重点区域、重点方向、重点领域,先易后难、由点及面,积极探索更高效、更便捷的保险服务方式,及时总结可复制可推广的经验。

(五)坚持市场运作、持续发展。遵循市场规律和国际通行规则,充分发挥保险功能作用,增强对"一带一路"建设的服务和保障能力,培育我国保险业核心竞争力。在支持国家战略落地的过程中,加强"一带一路"沿线国家和地区的政策及形势研判,切实做好风险管控,提高保险运行效率和保障水平,推动可持续发展。

(六)坚持开放创新、合作共赢。抓住机遇,顺应"一带一路"互联互通的趋势,加快保险业国际化步伐,推动保险业互联互通,提高我国保险业在国际上的影响力和话语权。积极开展跨境业务合作和监管合作,着力实现合作共赢,在"一带一路"建设中构建更为广泛的利益共同体,不断丰富我国保险业开放合作内涵,为我国保险业发展注入新动力、增添新活力、拓展新空间。

三、构建"一带一路"建设保险支持体系,为"一带一路"建设提供全方位的服务和保障

(七)大力发展出口信用保险和海外投资保险,服务"一带一路"贸易畅通。综合运用中长期出口信用保险、短期出口信用保险、海外投资保险、资信评估等产品和服务,加大对"一带一路"沿线国家的支持力度,对风险可控的项目应保尽保,推动国家重大项目加快落地。鼓励政策性保险机构扩大中长期出口信用保险覆盖面,增强交通运输、电力、电信、建筑等对外工程承包重点行业的竞争能力,支持"一带一路"示范项目及相关共建行动的落实。推动放开短期出口信用保险市场。鼓励政策性保险机构加快发展海外投资保险,创新保险品种,扩大承保范围,支持优势产业产能输出,推动高铁、核电等高端行业向外发展,促进钢铁、水泥和船舶等行业优势产能转移。

积极构建国别风险咨询服务体系。充分发挥保险机构、保险中介机构在资信渠道、风险管理、数据收集、信息处理等方面的优势,提供"一带一路"沿线国家的国别和行业风险指导以及信息咨询,为我国企业开展跨境投资贸易合作提供决策参考,提高我国企业风险管理水平,提升国际竞争力。

(八)创新保险产品服务,为"一带一路"沿线重大项目建设保驾护航。鼓励保险机构根据国内"一带一路"核心区和节点城市建设中的特殊风险保障需求,积极发展各类责任保险、货物运输保险、企业财产保险、工程保险、失地农民养老保险、务工人员意外伤害保险等个性化的保险产品服务,化解核心区和节点城市建设中出现的各类风险,减轻政府和企业压力,优化社会治理,保障民生。

鼓励保险机构大力发展跨境保险服务,根据"一带一路"沿线国家和地区的风险特点,有针对性地开发机动车出境保险、航运保险、雇主责任保险等跨境保险业务,为沿线"互联互通"重要产

业、重点企业和重大建设项目提供风险保障。大力发展建筑工程、交通、恐怖事件等意外伤害保险和流行性疾病等人身保险产品，完善海外急难救助等附加服务措施。加快特种保险业务国际化进程，服务航空航天、核能及新能源等高新领域的国际合作。鼓励保险机构针对"一带一路"沿线不同国家、地区的差异化保险需求，努力提供一揽子综合保险解决方案。鼓励保险中介机构主动发挥专业技术优势，为"一带一路"建设重大项目提供风险管理、保险及再保险安排、损失评估等全方位的保险中介服务。

（九）创新保险资金运用方式，为"一带一路"建设提供资金支持。充分发挥保险资金规模大、期限长、稳定性高的优势，支持保险机构在依法合规、风险可控的前提下，多种方式参与"一带一路"重大项目建设。支持保险资金通过债权、股权、股债结合、股权投资计划、资产支持计划和私募基金等方式，直接或间接投资"一带一路"重大投资项目，促进共同发展、共同繁荣。支持保险机构通过投资亚洲基础设施投资银行、丝路基金和其他金融机构推出的债权股权等金融产品，间接投资"一带一路"互联互通项目。推动保险机构不断提高境外投资管理能力，进一步拓展保险资金境外投资国别范围，完善境外重大投资监管政策，加强保险资金境外投资监管。积极发展出口信用保险项下的融资服务，发挥撬动融资的杠杆作用，满足"一带一路"建设多样化的融资需求。

四、加快保险业国际化步伐，推动保险业"一带一路"互联互通

（十）支持保险业稳步"走出去"，构建"一带一路"保险服务网络。鼓励保险机构加大对"一带一路"项目的承保支持、技术支持和本地服务支持，加快建设海外承保、理赔作业、救援等境外服务网络，为服务"一带一路"建设提供有效网络依托。稳步推动国内有条件的保险机构"走出去"，积极支持资本实力雄厚、经营管理经验丰富的保险机构在"一带一路"沿线的重点区域铺设机构

网点，鼓励保险机构加强国际合作，为"一带一路"保险服务提供有效载体。鼓励保险机构为"一带一路"沿线国家和地区居民提供保险保障服务，助力实现"民心互通"。

（十一）打造交流合作平台，提升保险业服务"一带一路"建设的整体能力。建立健全协同推进机制，推动保险机构加强业务协作，为我国企业"走出去"构建全方位保障体系。组建行业战略联盟，探索建立保险业"一带一路"国际保险再保险共同体和投资共同体，打造国内外保险行业资源共享和发展平台，提升整体承保和服务能力。推动搭建"一带一路"建设保险需求与供给对接平台，探索建立全行业风险数据库和保险资金运用项目库，加强行业内外部信息共享。加快区域性再保险中心建设，为我国保险机构"走出去"提供支撑。

（十二）加强保险监管互联互通，推动我国保险监管标准和技术输出。借助国际保险监督官协会、亚洲保险监督官论坛等平台，加强与"一带一路"沿线国家保险监管部门的沟通和联系，建立双边、多边监管合作机制，宣讲"丝路故事"，争取沿线重要国家和地区对我国保险业参与"一带一路"建设的支持，优化企业"走出去"的政策环境。推进中国风险导向偿付能力体系的国际化，提升其国际影响力，力争成为新兴市场和亚洲地区代表性偿付能力监管体系。推进与"一带一路"沿线国家和地区开展保险偿付能力监管体系等效评估。继续组织"亚洲偿付能力监管与合作研修班"，将其打造为国际监管合作的精品项目。面向"一带一路"沿线国家和地区积极开展监管技术合作和技术援助。向国际保险监督官协会反馈"一带一路"沿线国家和地区监管实际与经验。增强我国对国际监管规则的影响力，建设我国保险业国际合作新格局。

五、保障措施

（十三）加强组织，抓好落实。保险业要充分认识参与和服务"一带一路"建设的重要意义，切实增强责任感和使命感，把支持

"一带一路"建设作为深化改革的一项重点工作持续加以推进。保险监管部门要结合行业实际,把握区域特色,制定配套政策措施。保险机构要从产品创新、资金运用、组织和人才保障等方面统筹部署,积极主动对接"一带一路"建设需求,进一步提高服务能力和水平。

(十四)统筹协调,形成合力。要统筹各方资源和力量,形成合力,系统服务"一带一路"建设。保险监管部门要加强与政府相关部门的沟通协调,推动搭建与政府、金融机构"互联互通"的政策协调与信息交流平台,及时向行业传递"一带一路"建设相关政策、重大项目和保险需求等信息,引导保险机构发挥自身特色和优势,合力支持"一带一路"建设。保险机构要加强与保险同业以及其他金融机构的业务协作,为"一带一路"重大项目建设提供一站式、全方位的金融保险服务。

(十五)完善机制,注重长效。保险业在服务"一带一路"建设中,既要立足于现阶段的行业实际,找准切入点,主动作为,更要着眼长远,以全面提升行业国际竞争力和全球服务能力为目标,全面对接"一带一路"建设的需求,不断深化改革创新,积极探索新产品、新渠道、新模式,为"一带一路"建设提供综合保险服务。同时,根据"一带一路"战略实施推进情况,在更大范围、更宽领域、更深层次为国际和地区合作提供保险服务。

(十六)严控风险,守住底线。保险业在服务"一带一路"建设过程中,要加强对国际局势、宏观经济形势的研判,密切关注沿线国家和地区监管规定和法律法规的变化,进一步强化合规意识和风险意识,完善合规管控体系,增强行业的境外风险防控能力,切实守住不发生系统性风险底线。

中国保监会

2017 年 4 月 27 日

国务院办公厅关于加快发展商业养老保险的若干意见

国办发〔2017〕59号

各省、自治区、直辖市人民政府，国务院各部委、各直属机构：

商业养老保险是商业保险机构提供的，以养老风险保障、养老资金管理等为主要内容的保险产品和服务，是养老保障体系的重要组成部分。发展商业养老保险，对于健全多层次养老保障体系，促进养老服务业多层次多样化发展，应对人口老龄化趋势和就业形态新变化，进一步保障和改善民生，促进社会和谐稳定等具有重要意义。为深入贯彻落实《中共中央关于全面深化改革若干重大问题的决定》、《国务院关于加快发展养老服务业的若干意见》（国发〔2013〕35号）、《国务院关于加快发展现代保险服务业的若干意见》（国发〔2014〕29号）等文件要求，经国务院同意，现就加快发展商业养老保险提出以下意见：

一、总体要求

（一）指导思想。

全面贯彻党的十八大和十八届三中、四中、五中、六中全会精神，深入贯彻习近平总书记系列重要讲话精神和治国理政新理念新思想新战略，认真落实党中央、国务院决策部署，牢固树立新发展理念，以提高发展质量和效益为中心，以推进供给侧结构性改革为主线，以应对人口老龄化、满足人民群众日益增长的养老保障需求、促进社会和谐稳定为出发点，以完善养老风险保障机制、提升养老资金运用效率、优化养老金融服务体系为方向，依托商业保险机构专业优势和市场机制作用，扩大商业养老保险产品供给，拓宽服务领域，提升保障能力，充分发挥商业养老保险在健全养老保障体系、推动养老服务业发展、促进经济提质增效升级等方面的生力军作用。

(二) 基本原则。

坚持改革创新,提升保障水平。以应对人口老龄化、保障和改善民生为导向,坚持专注主业,深化商业养老保险体制机制改革,激发创新活力,增加养老保障产品和服务供给,提高服务质量和效率,更好满足人民群众多样化、多层次养老保障需求。

坚持政策引导,强化市场机制。更好发挥政府引导和推动作用,给予商业养老保险发展必要政策支持,创造良好政策环境。充分发挥市场在资源配置中的决定性作用,鼓励市场主体及相关业务特色化、差异化发展。

坚持完善监管,规范市场秩序。始终把维护保险消费者合法权益作为商业养老保险监管的出发点和立足点,坚持底线思维,完善制度体系,加强监管协同,强化制度执行,杜绝行政摊派、强买强卖,营造平等参与、公平竞争、诚信规范的市场环境。

(三) 主要目标。

到2020年,基本建立运营安全稳健、产品形态多样、服务领域较广、专业能力较强、持续适度盈利、经营诚信规范的商业养老保险体系,商业养老保险成为个人和家庭商业养老保障计划的主要承担者、企业发起的商业养老保障计划的重要提供者、社会养老保障市场化运作的积极参与者、养老服务业健康发展的有力促进者、金融安全和经济增长的稳定支持者。

二、创新商业养老保险产品和服务

(四) 丰富商业养老保险产品供给,为个人和家庭提供个性化、差异化养老保障。支持商业保险机构开发多样化商业养老保险产品,满足个人和家庭在风险保障、财富管理等方面的需求。积极发展安全性高、保障性强、满足长期或终身领取要求的商业养老年金保险。支持符合条件的商业保险机构积极参与个人税收递延型商业养老保险试点。针对独生子女家庭、无子女家庭、"空巢"家庭等特殊群体养老保障需求,探索发展涵盖多种保险产品和服务的综合养老保障计划。允许商业养老保险机构依法合规发展具备长期养老功能、符合生命周期管理特点的个人养老保障管理业务。

(五)推动商业保险机构提供企业(职业)年金计划等产品和服务。鼓励商业保险机构发展与企业(职业)年金领取相衔接的商业保险业务,强化基金养老功能。支持符合条件的商业保险机构申请相关资质,积极参与企业年金基金和职业年金基金管理,在基金受托、账户管理、投资管理等方面提供优质高效服务。鼓励商业保险机构面向创新创业企业就业群体的市场需求,丰富商业养老保险产品供给,优化相关服务,提供多样化养老保障选择。

(六)鼓励商业保险机构充分发挥行业优势,提供商业服务和支持。充分发挥商业保险机构在精算管理和服务资源等方面的优势,为养老保险制度改革提供技术支持和相关服务。支持符合条件的商业保险机构利用资产管理优势,依法依规有序参与基本养老保险基金和全国社会保障基金投资运营,促进养老保险基金和社会保障基金保值增值。

三、促进养老服务业健康发展

(七)鼓励商业保险机构投资养老服务产业。发挥商业养老保险资金长期性、稳定性优势,遵循依法合规、稳健安全原则,以投资新建、参股、并购、租赁、托管等方式,积极兴办养老社区以及养老养生、健康体检、康复管理、医疗护理、休闲康养等养老健康服务设施和机构,为相关机构研发生产老年用品提供支持,增加养老服务供给。鼓励商业保险机构积极参与养老服务业综合改革试点,加快推进试点地区养老服务体系建设。

(八)支持商业保险机构为养老机构提供风险保障服务。探索商业保险机构与各类养老机构合作模式,发展适应养老机构经营管理风险要求的综合责任保险,提升养老机构运营效率和稳健性。支持商业保险机构发展针对社区日间照料中心、老年活动中心、托老所、互助型社区养老服务中心等老年人短期托养和文体休闲活动机构的责任保险。

（九）建立完善老年人综合养老保障计划。针对老年人养老保障需求，坚持保障适度、保费合理、保单通俗原则，大力发展老年人意外伤害保险、老年人长期护理保险、老年人住房反向抵押养老保险等适老性强的商业保险，完善保单贷款、多样化养老金支付形式等配套金融服务。逐步建立老年人长期照护、康养结合、医养结合等综合养老保障计划，健全养老、康复、护理、医疗等服务保障体系。

四、推进商业养老保险资金安全稳健运营

（十）发挥商业养老保险资金长期投资优势。坚持风险可控、商业可持续原则，推进商业养老保险资金稳步有序参与国家重大战略实施。支持商业养老保险资金通过债权投资计划、股权投资计划、不动产投资计划、资产支持计划、保险资产管理产品等形式，参与重大基础设施、棚户区改造、新型城镇化建设等重大项目和民生工程建设，服务科技型企业、小微企业、战略性新兴产业、生活性服务新业态等发展，助力国有企业混合所有制改革。

（十一）促进商业养老保险资金与资本市场协调发展。发挥商业保险机构作为资本市场长期机构投资者的积极作用，依法有序参与股票、债券、证券投资基金等领域投资，为资本市场平稳健康发展提供长期稳定资金支持，规范有序参与资本市场建设。

（十二）审慎开展商业养老保险资金境外投资。在风险可控前提下，稳步发展商业养老保险资金境外投资业务，合理配置境外资产，优化配置结构。支持商业养老保险资金通过相关自贸试验区开展境外市场投资；按照商业可持续原则，有序参与丝路基金、亚洲基础设施投资银行和金砖国家新开发银行等主导的投资项目，更好服务国家"走出去"战略。

五、提升管理服务水平

（十三）加强制度建设。坚持制度先行，健全商业养老保险管理运行制度体系，优化业务流程，提升运营效率，增强商业养老保险业务运作规范性。细化完善商业养老保险资金重点投资领域业务规则，强化限额管理，探索建立境外投资分级管理机制。完善商业养老保险服务国家战略的引导政策和支持实体经济发展的配套政策。

（十四）提升服务质量。制定完善商业养老保险服务标准，构建以保险消费者满意度为核心的服务评价体系。深入推进以客户为中心的运营管理体系建设，运用现代技术手段，促进销售渠道和服务模式创新，为保险消费者提供高效便捷的服务。突出销售、承保、赔付等关键服务环节，着力改进服务质量，提升保险消费者消费体验，巩固培育商业品牌和信誉。

（十五）发展专业机构。提升商业养老保险从业人员职业道德和专业素质，加大专业人才培养和引进力度，完善职业教育。支持符合条件的商业保险机构发起设立商业养老保险机构，拓宽民间资本参与商业养老保险机构投资运营渠道，允许专业能力强、市场信誉度高的境外专业机构投资商业养老保险机构。

（十六）强化监督管理。完善商业养老保险监管政策，加强监督检查，规范商业养老保险市场秩序，强化保险消费者权益保护。落实偿付能力监管制度要求，加强商业养老保险资金运用监管，健全风险监测预警和信息披露机制。督促商业保险机构加强投资能力和风险管控能力建设，强化资产负债匹配管理和风险控制，防范投资运用风险，实现商业养老保险资金保值及合理回报，提升保险保障水平。

六、完善支持政策

（十七）加强组织领导与部门协同。各地区、各有关部门要将加快发展商业养老保险纳入完善养老保障体系和加快发展养老服务业的总体部署，加强沟通配合，创新体制机制，积极研究解决商业养老保险发展中的重大问题。有关部门可根据本意见精神，细化完善配套政策措施。各省（区、市）人民政府可结合实际制定具体实施意见，促进本地区商业养老保险持续健康发展。

（十八）加强投资和财税等政策支持。研究制定商业养老保险服务实体经济的投资支持政策，完善风险保障机制，为商业养老保险资金服务国家战略、投资重大项目、支持民生工程建设提供绿色通道和优先支持。落实好国家支持现代保险服务业和养老服务业发展的税收优惠政策，对商业保险机构一年期以上人身保险保费收入免征增值税。2017年年底前启动个人税收递延型商业养老保险试点。研究制定商业保险机构参与全国社会保障基金投资运营的相关政策。

（十九）完善地方保障支持政策。各省（区、市）人民政府要统筹规划养老服务业发展，鼓励符合条件的商业保险机构投资养老服务业，落实好养老服务设施的用地保障政策。支持商业保险机构依法依规在投资开办的养老机构内设置医院、门诊、康复中心等医疗机构，符合条件的可按规定纳入城乡基本医疗保险定点范围。支持商业保险机构开展住房反向抵押养老保险业务，在房地产交易、登记、公证等机构设立绿色通道，降低收费标准，简化办事程序，提升服务效率。

（二十）营造良好环境。大力普及商业养老保险知识，增强人民群众商业养老保险意识。以商业养老保险满足人民群众多样化养老保障需求为重点，加大宣传力度，积极推广成熟经验。加强保险业诚信体系建设，推动落实守信联合激励和失信联合惩戒机制。强化行业自律，倡导公平竞争合作，为商业养老保险健康发展营造良好环境。

国务院办公厅
2017年6月29日

中国保监会关于加强保险消费风险提示工作的意见

中国保监会关于印发《中国保监会关于加强保险消费风险提示工作的意见》的通知

保监发〔2017〕66号

机关各部门、各保监局，中国保险行业协会，各保险集团（控股）公司、各保险公司、各保险专业中介机构：

为推进保险消费风险提示工作规范化、制度化、科学化，我会制定了《中国保监会关于加强保险消费风险提示工作的意见》。现印发给你们，请结合本单位实际贯彻执行。

中国保监会

2017年9月11日

开展保险消费者教育、发布保险消费风险提示是保险消费者权益保护工作的重要内容，是保障保险消费者知情权、受教育权等基本权利的重要手段，是减少保险消费纠纷、提高保险消费者风险识别和自我保护能力、防范保险消费风险聚集的有效措施。为深入贯彻落实《国务院办公厅关于加强金融消费者权益保护工作的指导意见》（国办发〔2015〕81号），加强和有效开展保险消费风险提示工作，现提出以下意见。

一、总体要求

坚持以人民为中心的发展思想，树立服务意识，针对保险消费者关心的热点、难点和疑点问题及时、准确、客观地进行风险提示和教育引导，强化保险消费风险监测，推进保险消费风险提示工作规范化、制度化、科学化，为保险消费者权益保护工作提供基础支撑。

（一）工作原则。

——坚持以人为本、依法合规。紧扣保险消费风险点，依据法律法规和保险监管规定，及时发布恰当的消费风险提示信息。

——坚持统筹规划、协同推进。统筹协调推进行业消费风险提示工作，加强与政府有关部门、其他金融监管机构、消费者组织及新闻媒体等沟通协作。

——坚持及时准确、客观审慎。结合保险消费风险监测情况，本着专业客观、严谨审慎的态度，向消费者提供及时、真实、准确、全面的消费风险提示信息。

（二）工作目标。在全行业建立起科学规范、运行有效的保险消费风险提示工作机制，形成多方参与、上下联动、协同运作、及时有效的保险消费风险提示工作格局，建立保险消费风险提示统一平台，满足保险消费者及时、便捷掌握保险消费风险信息的需求，提高保险消费者风险识别和自我保护能力，防止保险消费风险聚集和蔓延。

二、建立完善工作机制

（三）加强制度建设。保监会消费者权益保护部门、保监局、保险行业协会、保险中介行业组织、保险机构、保险专业中介机构要建立完善本单位消费风险提示工作各项制度，明确保险消费风险提示工作流程，规范工作程序，建立健全保险消费风险监测、识别、评估机制，以及保险消费风险提示信息内容管理、审核、发布制度等。

（四）明确职责分工。

保险监管机构：保监会消费者权益保护部门是保险消费风险提示归口管理部门，会同保监会有关部门搭建统一的保险消费风险提示平台,建立提示信息库,发布全国性保险消费风险提示,组织、协调、督导行业消费风险提示工作。各保监局根据保险消费风险提示工作统一部署,将消费风险提示工作纳入日常监管工作中,发布区域性消费风险提示,组织、协调、督导辖区内消费风险提示工作。

保险行业协会、保险中介行业组织:保险行业协会发布行业性消费风险提示,研究制定保险机构消费风险提示行业标准,开展消费风险提示工作培训、交流、宣传等。保险中介行业组织开展中介领域消费风险提示工作,研究制定保险专业中介机构消费风险提示行业标准等。

保险机构、保险专业中介机构:保险机构、保险专业中介机构要认真履行消费风险提示工作主体责任,建立完善消费风险提示相关制度和流程,把消费风险提示工作融入日常经营、合规管理、消费者服务等环节。

(五)构建各司其职齐抓共管的工作格局。保监会消费者权益保护部门做好消费风险提示工作制度设计、统筹协调、整体推进和督促落实。保监会有关部门各司其职、密切合作,把消费风险提示作为部门重要工作来抓,积极主动做好业务范围内相关工作。保监局要落实好辖区消费风险提示属地管理责任,做好区域性消费风险提示发布工作。保险行业协会、保险中介行业组织结合工作职责开展行业性消费风险提示工作。保险机构、保险专业中介机构履行好消费风险提示工作主体责任。

三、稳步推进统一平台建设

(六)建立统一保险消费风险提示平台。近期,继续发挥保监会官方网站风险提示栏目作为消费风险提示信息发布主渠道作用。保监局、保险行业协会、保险中介行业组织、保险机构、保险专业中介机构要在本单位官方网站以专题栏目等形式各自设立消费风险提示平台。中长期,逐步建设涵盖保险监管机构、行业协会和市场主体的统一风险提示平台。

（七）建立平台信息汇集机制。保监会消费者权益保护部门会同有关部门建立保险消费风险提示信息库，实时抓取各保监局发布的消费风险提示信息，定期收集保险行业组织及市场主体消费风险提示信息内容。保监会有关部门负责业务领域内有关消费风险提示内容及问题的咨询、解答等，并对内容进行审核把关。保监局、保险行业协会、保险中介行业组织、保险机构、保险专业中介机构要及时更新本单位平台信息，并向保监会消费者权益保护部门报送平台链接以便信息内容收集汇总。

（八）建立平台信息发布机制。保监会相关部门、保监局、保险行业协会、保险中介行业组织、保险机构、保险专业中介机构要根据工作需要和实际情况，通过平台及时发布保险消费风险提示信息。尤其要对发现的保险消费风险苗头及时发布提示信息，筑牢防控消费风险的防线，防患未然，减少消费纠纷和投诉。

（九）建立平台信息共享联动机制。保监会平台发布的全国性消费风险提示，保监局、保险行业协会、保险中介行业组织、保险机构、保险专业中介机构要通过本单位消费风险提示平台及时转载、链接。保监局平台发布的区域性消费风险提示，辖区内保险行业协会、保险中介行业组织、保险机构、保险专业中介机构要及时转载、链接。保险行业协会、保险中介行业组织、保险机构、保险专业中介机构平台发布的消费风险提示，可根据情况相互转载、链接。

四、规范运作流程

（十）加强保险消费风险监测、识别。保监会相关部门、保监局、保险行业协会、保险中介行业组织、保险机构、保险专业中介机构要重视对消费风险的监测、识别和评估，加强对消费风险信息的分析研判，有效识别消费风险。高度关注并监测新业务、新领域等蕴含的消费风险，尤其是互联网业务所潜藏的消费风险。

(十一)增强保险消费风险提示有效性。消费风险提示的语言要通俗易懂,符合保险消费者的阅读习惯;内容要紧扣消费风险,增强风险提示的针对性、有效性;不涉及国家秘密、商业秘密及个人隐私;探索建立消费风险提示分类制度,根据消费风险的性质、程度、影响范围等发布不同类型、等级的消费风险提示。

五、完善保障措施

(十二)加强组织实施。保监会相关部门、保监局、保险行业协会、保险中介行业组织、保险机构、保险专业中介机构要加强组织领导,明确分管领导和责任部门,负责协调、督促、落实;要强化制度建设,完善各项工作制度,把消费风险提示纳入保险消费者权益保护日常工作体系;要细化工作措施,充实人员力量,并给予必要的财力物力保障。

(十三)加强联动协同。保监会消费者权益保护部门、保监局要建立完善与政府有关部门、其他金融监管机构、保险社团组织、消费者组织、新闻媒体等联动协同机制,在消费风险提示的发布、研究、宣传等方面加强合作,形成工作合力;保险机构、保险专业中介机构要加强与新闻媒体的沟通合作,扩大消费风险提示的成效。保监会相关部门、保监局、保险行业协会、保险中介行业组织、保险机构、保险专业中介机构要研究建立消费风险提示专业咨询指导机制,邀请产学研领域、新闻媒体的专家学者和专业人士对消费风险提示工作进行指导,提供专业咨询等。

中国保监会关于保险资金投资政府和社会资本合作项目有关事项的通知

保监发〔2017〕41号

各保监局，各保险集团（控股）公司、保险公司、保险资产管理公司：

为深入贯彻落实《中共中央 国务院关于深化投融资体制改革的意见》（中发〔2016〕18号）和《国务院关于加快发展现代保险服务业的若干意见》（国发〔2014〕29号）精神，推动政府和社会资本合作（PPP）项目融资方式创新，支持保险资金更好服务实体经济，根据《保险资金间接投资基础设施项目管理办法》（以下简称《管理办法》）等规定，现就保险资金投资PPP项目有关事项通知如下：

一、本通知所称保险资金投资PPP项目，是指保险资产管理公司等专业管理机构作为受托人，发起设立基础设施投资计划，面向保险机构等合格投资者发行受益凭证募集资金，向与政府方签订PPP项目合同的项目公司提供融资，投资符合规定的PPP项目。

二、投资计划投资的PPP项目，除满足《管理办法》第十一、十二条的有关规定外，还应当符合以下条件：

（一）属于国家级或省级重点项目，已履行审批、核准、备案手续和PPP实施方案审查审批程序，并纳入国家发展改革委PPP项目库或财政部全国PPP综合信息平台项目库。

（二）承担项目建设或运营管理责任的主要社会资本方为行业龙头企业，主体信用评级不低于AA+，最近两年在境内市场公开发行过债券。

（三）PPP项目合同的签约政府方为地市级（含）以上政府或其授权的机构，PPP项目合同中约定的财政支出责任已纳入年度财政预算和中期财政规划。所处区域金融环境和信用环境良好，政府负债水平较低。

（四）建立了合理的投资回报机制，预期能够产生持续、稳定的现金流，社会效益良好。

三、投资计划可以采取债权、股权、股债结合等可行方式，投资一个或一组合格的PPP项目。投资计划应当符合以下条件：

（一）经专业律师出具专项法律意见，认定投资的PPP项目运作程序合规，相关PPP项目合同规范有效。

（二）具有预期稳定现金流，可以覆盖投资计划的投资本金和合理收益，并设定明确可行、合法合规的退出机制。

（三）投资协议明确约定，在投资计划存续期间主要社会资本方转让项目公司股权的，须取得投资计划受托人书面同意。

四、保险资产管理公司等专业管理机构担任投资计划受托人，应当具备基础设施投资计划或不动产投资计划产品创新能力，切实履行勤勉尽责义务，综合评估投资风险和收益，加强风险管控和投后管理，确保投资计划合法合规，维护保险资金安全。

五、中国保监会建立外部专家风险评审机制，督促投资计划充分揭示和披露投资风险。投资计划涉及"一带一路"、京津冀协同发展、长江经济带、脱贫攻坚和河北雄安新区等符合国家发展战略的重大项目的，中国保监会建立专门的业务受理及注册绿色通道。

六、各保监局应当根据当地监管实际，研究、反映保险资金投资PPP项目的情况和问题，协调、推动和落实保险资金投资PPP项目的相关政策，形成上下联动的资金运用监管工作机制。

七、投资计划运作管理及其它相关事项，按照《管理办法》的有关规定执行。

八、本《通知》自公布之日起施行。

中国保监会

2017年5月4日

国务院办公厅关于进一步深化基本医疗保险支付方式改革的指导意见

国办发〔2017〕55号

各省、自治区、直辖市人民政府，国务院各部委、各直属机构：

医保支付是基本医保管理和深化医改的重要环节，是调节医疗服务行为、引导医疗资源配置的重要杠杆。新一轮医改以来，各地积极探索医保支付方式改革，在保障参保人员权益、控制医保基金不合理支出等方面取得积极成效，但医保对医疗服务供需双方特别是对供方的引导制约作用尚未得到有效发挥。为更好地保障参保人员权益、规范医疗服务行为、控制医疗费用不合理增长，充分发挥医保在医改中的基础性作用，经国务院同意，现就进一步深化基本医疗保险支付方式改革提出如下意见。

一、总体要求

（一）指导思想。

全面贯彻党的十八大和十八届三中、四中、五中、六中全会精神，深入贯彻习近平总书记系列重要讲话精神和治国理政新理念新思想新战略，按照党中央、国务院决策部署，落实全国卫生与健康大会精神，紧紧围绕深化医药卫生体制改革目标，正确处理政府和市场关系，全面建立并不断完善符合我国国情和医疗服务特点的医保支付体系。健全医保支付机制和利益调控机制，实行精细化管理，激发医疗机构规范行为、控制成本、合理收治和转诊患者的内生动力，引导医疗资源合理配置和患者有序就医，支持建立分级诊疗模式和基层医疗卫生机构健康发展，切实保障广大参保人员基本医疗权益和医保制度长期可持续发展。

（二）基本原则。

一是保障基本。坚持以收定支、收支平衡、略有结余，不断提高医保基金使用效率，着力保障参保人员基本医疗需求，促进医疗卫生资源合理利用，筑牢保障底线。

二是建立机制。发挥医保第三方优势，健全医保对医疗行为的激励约束机制以及对医疗费用的控制机制。建立健全医保经办机构与医疗机构间公开平等的谈判协商机制、"结余留用、合理超支分担"的激励和风险分担机制，提高医疗机构自我管理的积极性，促进医疗机构从规模扩张向内涵式发展转变。

三是因地制宜。各地要从实际出发，充分考虑医保基金支付能力、医保管理服务能力、医疗服务特点、疾病谱分布等因素，积极探索创新，实行符合本地实际的医保支付方式。

四是统筹推进。统筹推进医疗、医保、医药各项改革，注重改革的系统性、整体性、协调性，发挥部门合力，多措并举，实现政策叠加效应。

（三）主要目标。

2017年起，进一步加强医保基金预算管理，全面推行以按病种付费为主的多元复合式医保支付方式。各地要选择一定数量的病种实施按病种付费，国家选择部分地区开展按疾病诊断相关分组（DRGs）付费试点，鼓励各地完善按人头、按床日等多种付费方式。到2020年，医保支付方式改革覆盖所有医疗机构及医疗服务，全国范围内普遍实施适应不同疾病、不同服务特点的多元复合式医保支付方式，按项目付费占比明显下降。

二、改革的主要内容

（一）实行多元复合式医保支付方式。针对不同医疗服务特点，推进医保支付方式分类改革。对住院医疗服务，主要按病种、按疾病诊断相关分组付费，长期、慢性病住院医疗服务可按床日付费；对基层医疗服务，可按人头付费，积极探索将按人头付费与慢性病管理相结合；对不宜打包付费的复杂病例和门诊费用，可按项目付费。探索符合中医药服务特点的支付方式，鼓励提供和使用适宜的中医药服务。

（二）重点推行按病种付费。原则上对诊疗方案和出入院标准比较明确、诊疗技术比较成熟的疾病实行按病种付费。逐步将日间手术以及符合条件的中西医病种门诊治疗纳入医保基金病种付费范围。建立健全谈判协商机制，以既往费用数据和医保基金支付能力为基础，在保证疗效的基础上科学合理确定中西医病种付费标准，引导适宜技术使用，节约医疗费用。做好按病种收费、付费政策衔接，合理确定收费、付费标准，由医保基金和个人共同分担。加快制定医疗服务项目技术规范，实现全国范围内医疗服务项目名称和内涵的统一。逐步统一疾病分类编码（ICD—10）、手术与操作编码系统，明确病历及病案首页书写规范，制定完善符合基本医疗需求的临床路径等行业技术标准，为推行按病种付费打下良好基础。

（三）开展按疾病诊断相关分组付费试点。探索建立按疾病诊断相关分组付费体系。按疾病病情严重程度、治疗方法复杂程度和实际资源消耗水平等进行病种分组，坚持分组公开、分组逻辑公开、基础费率公开，结合实际确定和调整完善各组之间的相对比价关系。可以疾病诊断相关分组技术为支撑进行医疗机构诊疗成本与疗效测量评价，加强不同医疗机构同一病种组间的横向比较，利用评价结果完善医保付费机制，促进医疗机构提升绩效、控制费用。加快提升医保精细化管理水平，逐步将疾病诊断相关分组用于实际付费并扩大应用范围。疾病诊断相关分组收费、付费标准包括医保基金和个人付费在内的全部医疗费用。

（四）完善按人头付费、按床日付费等支付方式。支持分级诊疗模式和家庭医生签约服务制度建设，依托基层医疗卫生机构推行门诊统筹按人头付费，促进基层医疗卫生机构提供优质医疗服务。各统筹地区要明确按人头付费的基本医疗服务包范围，保障医保目录内药品、基本医疗服务费用和一般诊疗费的支付。逐步从糖尿病、高血压、慢性肾功能衰竭等治疗方案标准、评估指标明确的慢性病入手，开展特殊慢性病按人头付费，鼓励医疗机构做好健康管理。有条件的地区可探索将签约居民的门诊基金按人头支付给基层医疗卫生机构或家庭医生团队，患者向医院转诊的，由基层医疗卫生机构或家庭医生团队支付一定的转诊费用。对于精神病、安宁疗护、医疗康复等需要长期住院治疗且日均费用较稳定的疾病，可采取按床日付费的方式，同时加强对平均住院天数、日均费用以及治疗效果的考核评估。

（五）强化医保对医疗行为的监管。完善医保服务协议管理，将监管重点从医疗费用控制转向医疗费用和医疗质量双控制。根据各级各类医疗机构的功能定位和服务特点，分类完善科学合理的考核评价体系，将考核结果与医保基金支付挂钩。中医医疗机构考核指标应包括中医药服务提供比例。有条件的地方医保经办机构可以按协议约定向医疗机构预付一部分医保资金，缓解其资金运行压力。医保经办机构要全面推开医保智能监控工作，实现医保费用结算从部分审核向全面审核转变，从事后纠正向事前提示、事中监督转变，从单纯管制向监督、管理、服务相结合转变。不断完善医保信息系统，确保信息安全。积极探索将医保监管延伸到医务人员医疗服务行为的有效方式，探索将监管考核结果向社会公布，促进医疗机构强化医务人员管理。

三、配套改革措施

（一）加强医保基金预算管理。按照以收定支、收支平衡、略有结余的原则，科学编制并严格执行医保基金收支预算。加快推进医保基金收支决算公开，接受社会监督。

各统筹地区要结合医保基金预算管理完善总额控制办法，提高总额控制指标的科学性、合理性。完善与总额控制相适应的考核评价体系和动态调整机制，对超总额控制指标的医疗机构合理增加的工作量，可根据考核情况按协议约定给予补偿，保证医疗机构正常运行。健全医保经办机构与医疗机构之间的协商机制，促进医疗机构集体协商。总额控制指标应向基层医疗卫生机构、儿童医疗机构等适当倾斜，制定过程按规定向医疗机构、相关部门和社会公开。

有条件的地区可积极探索将点数法与预算总额管理、按病种付费等相结合，逐步使用区域（或一定范围内）医保基金总额控制代替具体医疗机构总额控制。采取点数法的地区确定本区域（或一定范围内）医保基金总额控制指标后，不再细化明确各医疗机构的总额控制指标，而是将项目、病种、床日等各种医疗服务的价值以一定点数体现，年底根据各医疗机构所提供服务的总点数以及地区医保基金支出预算指标，得出每个点的实际价值，按照各医疗机构实际点数付费，促进医疗机构之间分工协作、有序竞争和资源合理配置。

（二）完善医保支付政策措施。严格规范基本医保责任边界，基本医保重点保障符合"临床必需、安全有效、价格合理"原则的药品、医疗服务和基本服务设施相关费用。公共卫生费用、与疾病治疗无直接关系的体育健身或养生保健消费等，不得纳入医保支付范围。各地要充分考虑医保基金支付能力、社会总体承受能力和参保人个人负担，坚持基本保障和责任分担的原则，按照规定程序调整待遇政策。科学合理确定药品和医疗服务项目的医保支付标准。

结合分级诊疗模式和家庭医生签约服务制度建设，引导参保人员优先到基层首诊，对符合规定的转诊住院患者可以连续计算起付线，将符合规定的家庭医生签约服务费纳入医保支付范围。探索对纵向合作的医疗联合体等分工协作模式实行医保总额付费，合理引导双向转诊，发挥家庭医生在医保控费方面的"守门人"作用。鼓励定点零售药店做好慢性病用药供应保障，患者可凭处方自由选择在医疗机构或到医疗机构外购药。

（三）协同推进医药卫生体制相关改革。建立区域内医疗卫生资源总量、医疗费用总量与经济发展水平、医保基金支付能力相适应的宏观调控机制，控制医疗费用过快增长。推行临床路径管理，提高诊疗行为透明度。推进同级医疗机构医学检查检验结果互认，减少重复检查。建立医疗机构效率和费用信息公开机制，将费用、患者负担水平等指标定期公开，接受社会监督，并为参保人就医选择提供参考。完善公立医疗机构内部绩效考核和收入分配机制，引导医疗机构建立以合理诊疗为核心的绩效考核评价体系，体现多劳多得、优劳优酬。规范和推动医务人员多点执业。

四、组织实施

（一）加强组织领导。各省（区、市）要高度认识深化医保支付方式改革的重要性，在医改领导小组领导下，协调推进医保支付方式及相关领域改革，妥善做好政策衔接，发挥政策合力。各级人力资源社会保障、卫生计生、财政、发展改革、中医药等部门要根据各自职能，协同推进医保支付方式改革，明确时间表、路线图，做好规划和组织落实工作。

（二）切实抓好落实。各统筹地区要按照本意见精神，在总结经验的基础上，结合本地实际，于2017年9月底前制定具体改革实施方案。人力资源社会保障部、国家卫生计生委会同财政部、国家中医药局成立按疾病诊断相关分组付费试点工作组，2017年选择部分地区开展按疾病诊断相关分组付费试点，并加强技术指导。

（三）做好交流评估。加强不同地区间医保支付方式改革成果交流，及时总结推广好的经验做法。各统筹地区要开展改革效果评估，既对改革前后医疗费用、医疗服务数量和质量、医保待遇水平、参保人员健康水平等进行纵向评估，又与周边地区、经济和医疗水平相似地区进行横向比较，通过评估为完善政策提供支持。

国务院办公厅

2017年6月20日

生育保险和职工基本医疗保险
合并实施试点方案

国务院办公厅关于印发生育保险和职工基本
医疗保险合并实施试点方案的通知

国办发〔2017〕6号

各省、自治区、直辖市人民政府,国务院各部委、各直属机构:

《生育保险和职工基本医疗保险合并实施试点方案》已经国务院同意,现印发给你们,请试点地区和各有关部门加强组织领导,认真贯彻执行。

国务院办公厅
2017年1月19日

为贯彻落实党的十八届五中全会精神和《中华人民共和国国民经济和社会发展第十三个五年规划纲要》,根据《全国人民代表大会常务委员会关于授权国务院在河北省邯郸市等12个试点城市行政区域暂时调整适用〈中华人民共和国社会保险法〉有关规定的决定》,现就做好生育保险和职工基本医疗保险(以下统称两项保险)合并实施试点工作制定以下方案。

一、总体要求

(一)指导思想。全面贯彻党的十八大和十八届三中、四中、五中、六中全会精神,深入贯彻习近平总书记系列重要讲话精神和治国理政新理念新思想新战略,认真落实党中央、国务院决策部署,统筹推进"五位一体"总体布局和协调推进"四个全面"战略布局，牢固树立和贯彻落实创新、协调、绿色、开放、共享的发展理念，遵循保留险种、保障待遇、统一管理、降低成本的总体思路，推进两项保险合并实施，通过整合两项保险基金及管理资源，强化基金共济能力，提升管理综合效能，降低管理运行成本。

（二）主要目标。2017年6月底前启动试点，试点期限为一年左右。通过先行试点探索适应我国经济发展水平、优化保险管理资源、促进两项保险合并实施的制度体系和运行机制。

二、试点地区

根据实际情况和有关工作基础，在河北省邯郸市、山西省晋中市、辽宁省沈阳市、江苏省泰州市、安徽省合肥市、山东省威海市、河南省郑州市、湖南省岳阳市、广东省珠海市、重庆市、四川省内江市、云南省昆明市开展两项保险合并实施试点。未纳入试点地区不得自行开展试点工作。

三、试点内容

（一）统一参保登记。参加职工基本医疗保险的在职职工同步参加生育保险。实施过程中要完善参保范围，结合全民参保登记计划摸清底数，促进实现应保尽保。

（二）统一基金征缴和管理。生育保险基金并入职工基本医疗保险基金，统一征缴。试点期间，可按照用人单位参加生育保险和职工基本医疗保险的缴费比例之和确定新的用人单位职工基本医疗保险费率，个人不缴纳生育保险费。同时，根据职工基本医疗保险基金支出情况和生育待遇的需求，按照收支平衡的原则，建立职工基本医疗保险费率确定和调整机制。

职工基本医疗保险基金严格执行社会保险基金财务制度，两项保险合并实施的统筹地区，不再单列生育保险基金收入，在职工基本医疗保险统筹基金待遇支出中设置生育待遇支出项目。探索建立健全基金风险预警机制，坚持基金收支运行情况公开，加强内部控制，强化基金行政监督和社会监督，确保基金安全运行。

（三）统一医疗服务管理。两项保险合并实施后实行统一定点医疗服务管理。医疗保险经办机构与定点医疗机构签订相关医疗服务协议时，要将生育医疗服务有关要求和指标增加到协议内容中，并充分利用协议管理，强化对生育医疗服务的监控。执行职工基本医疗保险、工伤保险、生育保险药品目录以及基本医疗保险诊疗项目和医疗服务设施范围。生育医疗费用原则上实行医疗保险经办机构与定点医疗机构直接结算。

（四）统一经办和信息服务。两项保险合并实施后，要统一经办管理，规范经办流程。生育保险经办管理统一由职工基本医疗保险经办机构负责，工作经费列入同级财政预算。充分利用医疗保险信息系统平台，实行信息系统一体化运行。原有生育保险医疗费结算平台可暂时保留，待条件成熟后并入医疗保险结算平台。完善统计信息系统，确保及时准确反映生育待遇享受人员、基金运行、待遇支付等方面情况。

（五）职工生育期间的生育保险待遇不变。生育保险待遇包括《中华人民共和国社会保险法》规定的生育医疗费用和生育津贴，所需资金从职工基本医疗保险基金中支付。生育津贴支付期限按照《女职工劳动保护特别规定》等法律法规规定的产假期限执行。

四、保障措施

（一）加强组织领导。两项保险合并实施是党中央、国务院作出的一项重要部署，也是推动建立更加公平更可持续社会保障制度的重要内容。试点城市所在省份要高度重视，加强领导，密切配合，推动试点工作有序进行。人力资源社会保障部、财政部、国家卫生计生委要会同有关方面加强对试点地区的工作指导，及时研究解决试点中的困难和问题。试点省份和有关部门要加强沟通协调，共同推进相关工作。

（二）精心组织实施。试点城市要高度重视两项保险合并实施工作，按照本试点方案确定的主要目标、试点措施等要求，根据当地生育保险和职工基本医疗保险参保人群差异、基金支付能力、待遇保障水平等因素进行综合分析和研究，周密设计试点实施方案，确保参保人员相关待遇不降低、基金收支平衡，保证平稳过渡。2017年6月底前各试点城市要制定试点实施方案并组织实施。

（三）加强政策宣传。试点城市要坚持正确的舆论导向，准确解读相关政策，大力宣传两项保险合并实施的重要意义，让社会公众充分了解合并实施不会影响参保人员享受相关待遇，且有利于提高基金共济能力、减轻用人单位事务性负担、提高管理效率，为推动两项保险合并实施创造良好的社会氛围。

（四）做好总结评估。各试点城市要及时总结经验，试点过程中发现的重要问题和有效做法请及时报送人力资源社会保障部、财政部、国家卫生计生委，为全面推开两项保险合并实施工作奠定基础。人力资源社会保障部、财政部、国家卫生计生委要对试点期间各项改革措施执行情况、实施效果、群众满意程度等内容进行全面总结评估，并向国务院报告。

城乡居民基本医疗保险（新型农村合作医疗）跨省就医联网结报定点医疗机构操作规范

国家卫生计生委办公厅关于印发城乡居民基本
医疗保险（新型农村合作医疗）跨省就医联网
结报定点医疗机构操作规范（试行）的通知
国卫办基层发〔2017〕17号

各省、自治区、直辖市卫生计生委，福建省医保办，国家卫生计生委预算管理医院：

为贯彻落实国家卫生计生委、财政部《全国新型农村合作医疗异地就医联网结报实施方案》（国卫基层发〔2016〕23号）有关要求，规范新农合跨省就医联网结报定点医疗机构业务流程，我委研究制定了《城乡居民基本医疗保险（新型农村合作医疗）跨省就医联网结报定点医疗机构操作规范（试行）》（可从国家卫生计生委网站下载）。现印发给你们，请遵照执行。

国家卫生计生委办公厅
2017年4月28日

一、总则

第一条 为贯彻落实《全国新型农村合作医疗异地就医联网结报实施方案通知》（国卫基层发〔2016〕23号）的要求，规范跨省定点医疗机构开展联网结报工作，制定本规范。

第二条 本规范适用于为城乡居民基本医疗保险（新型农村合

作医疗，简称新农合）患者提供跨省住院医疗服务及联网结报的定点医疗机构。

第三条 新农合跨省就医联网结报定点医疗机构（简称定点医疗机构）是指由各地卫生计生委向国家卫生计生委申报，由国家卫生计生委审核，可为新农合跨省转诊患者提供联网结报服务的定点医疗机构。

第四条 本规范主要用于规范跨省定点医疗机构服务行为，履行服务协议、规范转诊患者入院登记、出院结报等服务管理流程，实行跨省就医转诊制度，加强对跨省定点医疗机构的组织管理和监督考核。

二、入院登记服务管理

第五条 在参合患者跨省就医时，定点医疗机构应当按照本院业务流程及时为转诊参合患者提供诊疗服务。

第六条 转诊患者应当经过门诊接诊，由门诊医生根据病情为符合入院指证的患者开具入院证明。

第七条 患者接到入院通知后持入院证明到指定窗口办理入院登记，主动告知转诊身份，并出示跨省就医转诊单、身份证、农合卡（证）等材料。携带材料不全的应当告知患者带齐全部资料后方可享受跨省联网结报待遇。

第八条 住院登记时，医院工作人员须询问患者转诊情况，核实转诊单、身份证、农合卡（证）与入院证明是否一致并留存转诊单。必要时，可通过国家新农合信息平台（简称国家平台）调用参合信息库进行核实，以防冒名顶替。

（一）如身份属实，在定点医疗机构 HIS 系统里将其标志为"跨省就医新农合患者"身份，并调用国家平台转诊信息，将其转诊状态转变为住院状态。

（二）如对患者身份有疑问，定点医疗机构应当在患者出院结算前与参合地新农合经办机构取得联系，参合地有责任和义务及时核实，并明确告知定点医疗机构是否对该患者提供即时结报服务。在确认患者身份后，应当及时在定点医疗机构HIS系统里将其标志为"跨省就医新农合患者"身份，并调用国家平台转诊信息，将其转诊状态转变为住院状态。

（三）患者办完入院手续后，定点医疗机构不得擅自更改患者的姓名、性别、出生日期及参合信息。如确有更改的必要，由患者与参合地联系，并取得参合地书面同意后，定点医疗机构方可更改。未经参合地书面同意更改患者姓名、性别、出生日期及参合信息的，本次住院不享受跨省就医联网结报待遇。

第九条 在参合患者入院时，定点医疗机构根据患者病情适当降低参合患者住院预交金；相关科室须向参合患者告知联网结报相关政策、参合患者和定点医疗机构的权利和义务等。

三、住院医疗服务管理

第十条 定点医疗机构按照医院业务流程向跨省就医新农合患者提供诊疗服务。

第十一条 临床医务人员在诊疗过程中，要严格执行《处方管理办法》、《抗菌药物临床应用指导原则（2015年版）》以及医疗服务价格相关规定。

第十二条 定点医疗机构要严格遵守新农合等政策以及跨省就医联网结报相关协议，规范诊疗服务行为，合理检查、合理治疗、合理用药，杜绝医药费用不合理支出。

四、出院结报窗口服务

第十三条 跨省就医联网结报转诊患者到定点医疗机构指定窗口办理出院结报手续。

第十四条 定点医疗机构医务人员对参合患者的住院资料进行审核，审核的主要内容：

（一）参合患者身份审核，审查是否属借证或冒名顶替；

（二）检查农合卡（证）、身份证、转诊单是否齐全、规范；

（三）用药、检查、收费、诊疗是否合理，出院带药是否规范；

（四）医疗费用审核标准参照就医地新农合（或医保）药品目录、医保诊疗项目、服务设施目录及医保及物价收费政策；

（五）其他跨省就医联网结报协议规定事项。

第十五条　定点医疗机构审核完毕后，应当及时办理参合患者住院费用结报手续。

（一）根据与患者参合所在地区新农合管理部门签订的跨省就医联网结报协议要求和跨省就医结报政策，定点医疗机构信息系统调用跨省就医结报结算程序，分解结算患者自付金额以及新农合基金补偿金额。

（二）患者需支付自付金额，新农合基金补偿金额由医疗机构垫付。

第十六条　定点医疗机构办理结报时须留存联网结报相关资料，并向患者提供相应的资料。

（一）医疗机构留存材料包括：参合患者转诊单、出院结算发票、《××医院城乡居民基本医疗保险（新农合）跨省就医结报住院费用结算单》（见附件1）。

（二）医疗机构按照单位规定给患者提供出院可携带的材料以及跨省就医结报住院费用结算单；如患者需要，可为其提供出院结算发票复印件。

第十七条　由于网络等客观原因不能为转诊患者完成联网结报时，需告知其延后办理结报手续；或出具书面文件——《跨省就医转诊患者出院未享受即时结报服务说明》（见附件2），说明未办理联网结报原因，使其回到参合地报销时，能够享受联网结报等同的补偿待遇。

第十八条　参合患者因参加商业保险或享受民政医疗救助要求定点医疗机构提供出院结算发票复印件，定点医疗机构应当积极配合但不负责盖章。

第十九条　对于未按规定办理转诊手续的患者，定点医疗机构不予提供跨省就医结报服务。

五、信息系统支持

第二十条　定点医疗机构改造医院信息系统、开发接口，使其网络配置、系统功能等能够达到《国家新型农村合作医疗跨省就医联网结报数据交换技术方案》要求。

第二十一条　定点医疗机构要将国家平台数据交换字典置入医院信息系统中。

（一）定点医疗机构所在地区有省级新农合信息平台的，由省级平台与国家平台进行数据交换字典匹配，医疗机构与省级平台数据字典保持一致。

（二）定点医疗机构所在地区无省级新农合信息平台的，或省内无统一新农合数据字典的，医疗机构与国家平台数据字典进行匹配。

第二十二条　配合所属地区省级新农合结算中心（或国家卫生计生委异地就医结算管理中心）部署前置机上接口程序，确保本院HIS系统、省级新农合信息平台与国家新农合平台保持持续联接运行。

第二十三条　通过信息系统核实患者身份。

（一）根据身份证号码（居民健康卡号码）或转诊单号码与国家新农合信息平台转诊信息进行核对。

（二）对于未办理身份证的婴幼儿，姓名为×××之子（之女），×××为已参合的父母（或监护人），身份证和合作医疗证为×××的证件号码，以保证患者身份的一致性。

第二十四条　定点医疗机构及时、准确、安全、完整地通过省级新农合信息平台（或省级区域卫生信息平台）与国家平台交换共享跨省就医联网结报数据；与国家平台直接连接的定点医疗机构直接向国家平台上传数据。

（一）结算数据上传。出院结算时，将可享受联网结报服务的转诊患者本次住院所有有效数据一次性导出并打包上传，作为费用计算的依据。

（二）《住院病案首页》数据上传。转诊患者出院后5个工作日内，将《住院病案首页》信息上传至国家平台。非转诊患者按照《关于做好新型农村合作医疗跨省就医费用核查和结报工作的指导意见》（国卫基层发〔2015〕46号）上传《住院病案首页》信息，以供参合地进行费用核查。

六、垫付资金申请

第二十五条 定点医疗机构定期整理垫付资金申请材料，按时间顺序归档立卷，并定期将纸质材料寄送至各地新农合管理中心，垫付资金申请材料包括：出院结算收据、《××医院城乡居民基本医疗保险（新农合）跨省就医结报垫付资金回款申请单》（附件3—1）、《××医院城乡居民基本医疗保险（新农合）跨省就医结报垫付资金回款申请汇总表》（附件3—2）、《××医院城乡居民基本医疗保险（新农合）跨省就医结报住院费用及补偿明细表》（附件3—3）、《××医院城乡居民基本医疗保险（新农合）跨省就医结报住院费用结算单》。各地新农合管理中心有义务审核定点医疗机构提交的回款申请材料并回款至定点医疗机构。

（一）与国家卫生计生委异地就医结算管理中心签约的医疗机构，每月5日前，向国家卫生计生委异地就医结算管理中心申请回款，由协议保险公司每月15日向医疗机构拨付上月垫付资金。

（二）未与国家卫生计生委异地就医结算管理中心签约的医疗机构，每月10日前，向所在省份省级新农合结算中心申请回款，由就医地省级结算中心每月25日向医疗机构拨付上月垫付资金。

第二十六条 通过国家新农合信息平台提交跨省就医联网结报垫付资金回款申请，在接收到回款后5个工作日内，在国家新农合信息平台上进行确认。

第二十七条 接到垫付资金回款扣减通知后，应当及时与参保患者所在省份省级结算中心进行沟通，必要时可向国家卫生计生委进行申诉。根据沟通或申诉结果进行相应处理。

七、联网结报协议管理

第二十八条 定点医疗机构根据其他省份新农合跨省就医需要签署联网结报协议，协议省份将在国家平台公示。

（一）患者流出地承担省级结算功能的机构（简称省级结算中心）与就医地省级结算中心签订跨省就医联网结报协议，明确患者流出地省级结算中心、就医地省级结算中心的权利和义务。

（二）就医地省级结算中心将所辖跨省就医联网结报定点医疗机构统一纳入本地协议管理，明确各自职责，保证工作顺利进行。

（三）就医地无省级结算中心的，卫生计生部门指定负责部门，组织本地医疗机构与外省结算中心统一进行签约。

第二十九条 定点医疗机构因违反相关政策或规定，由国家卫生计生委取消其跨省就医联网结报定点资质的，国家卫生计生委将通过国家新农合信息平台及时通告，并更新定点医疗机构库。

八、组织管理与监督考核

第三十条 完善内部管理制度，优化就医结报流程；建立内部培训制度，定期组织相关工作人员学习跨省就医联网结报政策和操作规范。建立定期联络制度，与国家卫生计生委异地就医结算管理中心、所属地区以及参合地省级新农合结算中心保持联系，确保垫付报销过程中遇到的政策问题得到及时明确的处理。

第三十一条 定点医疗机构成立跨省就医联网结报领导小组，由定点医疗机构分管领导任小组负责人，设立联网结报经办机构

（农合科或医保科），选派农合科（医保科）、财务科、医务科、信息科等相关科室人员，从事管理和服务工作。

第三十二条 配备计算机、复印机、扫描仪等必要的办公设备，为参合农民提供方便、快捷的服务。

第三十三条 指定办理新农合跨省就医结报窗口，并在窗口明显位置张贴"国家卫生计生委跨省就医结算"式样的标志。

第三十四条 做好新农合政策的日常宣传，在门诊、住院窗口、病房等位置设置新农合跨省就医联网结报基本政策、就诊和报销程序、补偿所需材料等宣传公示栏。按照有关规定开展结报工作；受理投诉意见和建议。

第三十五条 定点医疗机构应当加强内部监督管理，要根据新型农村合作医疗跨省就医联网结报协议和相关政策，建立监督考核工作机制，制定本机构内部相关配套制度和具体措施。

第三十六条 定点医疗机构依据跨省就医联网结报协议，接受协议所属省级新农合结算中心的监督；省级新农合结算中心安排医学和财务专业人员负责审核结算业务。

第三十七条 省级新农合结算中心及时指出定点医疗机构违反新农合政策和医疗服务协议的情况，并督促其整改。对严重违反新农合政策和医疗服务协议的，省级新农合结算中心将予以通报。对情形或后果特别严重的，可提请国家卫生计生委暂停或取消其定点医疗机构资格。

第三十八条 定点医疗机构单位或个人违反新农合相关政策的，责令限期改正。对因单位或个人违反法律法规给新农合基金造成严重损失和不良后果的，按相关法律法规的有关规定处理。

九、附则

第三十九条 定点医疗机构可根据本规范的规定制定具体实施细则，经各省级卫生计生行政部门审定后执行。

第四十条 本规范由国家卫生计生委基层司负责解释。

第四十一条 本规范自公布之日起施行。

附件1：跨省就医结报住院费用结算单（略）

附件2：跨省就医转诊患者出院未享受即时结报服务说明（略）

附件3—1：××医院城乡居民基本医疗保险（新农合）跨省就医结报垫付资金回款申请单（略）

附件3—2：××医院城乡居民基本医疗保险（新农合）跨省就医结报垫付资金回款申请单（略）

附件3—3：××医院城乡居民基本医疗保险（新农合）跨省就医结报住院费用及补偿明细表（略）

人力资源社会保障部、财政部关于调整失业保险金标准的指导意见

人社部发〔2017〕71号

各省、自治区、直辖市及新疆生产建设兵团人力资源社会保障厅（局）、财政（财务）厅（局）：

为进一步提高失业人员基本生活保障水平，根据《失业保险条例》，现就调整失业保险金标准提出以下指导意见：

一、充分认识调整失业保险金标准的重要意义

保障失业人员失业期间的基本生活是失业保险制度的基本功能。近年来，各地深入贯彻落实失业保险有关法律法规，多措并举，有序推进，全国失业保险金水平逐年提高，地区差距逐步缩小，有效地保障了失业人员基本生活，为兜牢民生底线发挥了积极作用。各地要充分认识提高失业保险金标准关系失业人员共享经济社会发展成果，关系人民群众的获得感和幸福感，对于促进社会公平，维护社会和谐稳定具有重要意义。要在确保失业保险基金平稳运行的前提下，逐步提升失业保障水平，切实保障好失业人员的基本生活。

二、科学合理确定失业保险金标准

《失业保险条例》规定："失业保险金的标准，按照低于当地最低工资标准、高于城市居民最低生活保障标准的水平，由省、自治区、直辖市人民政府确定"。确定失业保险金具体标准，要统筹考虑失业人员及其家庭基本生活需要和失业保险基金运行安全，坚持"保生活"和"促就业"相统一，既要保障失业人员基本生活需要，又要防止待遇水平过高影响就业积极性。各省要在确保基金可持续前提下，随着经济社会的发展，适当提高失业保障水平，分

步实施，循序渐进，逐步将失业保险金标准提高到最低工资标准的90%。各省要发挥省级调剂金的作用，加大对基金支撑能力弱的统筹地区的支持力度。

三、切实做好组织实施工作

确定失业保险金标准，直接关系失业人员的切身利益，体现了党中央、国务院对失业人员的关心关怀。各地要以人为本，高度重视，精心实施，对组织领导、工作进度、资金保障等作出周密安排。各省、自治区、直辖市人社厅（局）会同财政厅（局）要结合本地实际，提出调整方案，报省、自治区、直辖市人民政府确定。各地在贯彻落实过程中遇到的问题，请及时向人力资源社会保障部、财政部报告。

人力资源社会保障部

财政部

2017年9月20日

人力资源社会保障部、财政部关于失业保险支持参保职工提升职业技能有关问题的通知

人社部发〔2017〕40号

各省、自治区、直辖市及新疆生产建设兵团人力资源社会保障厅（局）、财政（财务）厅（局）：

为贯彻落实《国务院关于做好当前和今后一段时期就业创业工作的意见》（国发〔2017〕28号）关于"依法参加失业保险3年以上、当年取得职业资格证书或职业技能等级证书的企业职工，可申请参保职工技能提升补贴，所需资金按规定从失业保险基金中列支"的要求，提升参加失业保险职工的职业技能，发挥失业保险促进就业作用，现就有关问题通知如下：

一、申领条件

同时符合以下条件的企业职工，可申领技能提升补贴：

（一）依法参加失业保险，累计缴纳失业保险费36个月（含36个月）以上的。

（二）自2017年1月1日起取得初级（五级）、中级（四级）、高级（三级）职业资格证书或职业技能等级证书的。

二、审核程序

（一）职工应在职业资格证书或职业技能等级证书核发之日起12个月内，到本人失业保险参保地失业保险经办机构，申领技能提升补贴。

（二）失业保险经办机构通过职业资格证书或职业技能等级证书联网查询、与失业保险参保信息比对等方式进行审核。

（三）失业保险经办机构按照规定程序对申请审核通过后，应直接将补贴资金发放至申请人本人的个人银行账户或社会保障卡。

技能提升补贴申请、审核的具体程序和操作办法，由各省级人力资源社会保障部门、财政部门根据本地实际，本着方便、快捷、安全、审慎的原则制定，并主动向社会公开。

三、补贴标准

技能提升补贴的标准由省级人力资源社会保障部门、财政部门根据本地失业保险基金运行情况、职业技能培训、鉴定收费标准等因素综合确定，并适时调整。

补贴标准应根据取得职业资格证书或职业技能等级证书有所区别。职工取得初级（五级）职业资格证书或职业技能等级证书的，补贴标准一般不超过1000元；职工取得中级（四级）职业资格证书或职业技能等级证书的，补贴标准一般不超过1500元；职工取得高级（三级）职业资格证书或职业技能等级证书的，补贴标准一般不超过2000元。

各省（自治区、直辖市）可根据本地产业发展方向和人力资源市场需求，研究制定本地区紧缺急需的职业（工种）目录。技能提升补贴标准可向地区紧缺急需职业（工种）予以倾斜。

同一职业（工种）同一等级只能申请并享受一次技能提升补贴。

四、资金使用

在失业保险基金科目中设立技能提升补贴科目，所需资金从失业保险基金技能提升补贴科目中列支。

各省（自治区、直辖市）要将技能提升补贴支出纳入失业保险基金预算管理，规范运作，切实保证基金有效使用和安全运行。要重点关注基金支付能力相对较弱的统筹地区，发挥省级调剂金的作用，确保每个地区符合条件的职工都能享受到政策。

五、工作要求

（一）加强组织领导。失业保险基金用于参保职工技能提升补贴，有利于引导职工提高职业技能水平和职业转换能力，从源头上减少失业、稳定就业；有利于弘扬工匠精神，推动我国由人力资源大国向人力资源强国迈进，为我国产业转型升级提供强有力的人才支撑。各级人力资源社会保障部门、财政部门要高度重视，将其作为失业保险预防失业、稳定就业的重要举措，精心组织、狠抓落实。要尽快制定实施办法，在6月30日前报人力资源社会保障部、财政部备案。

（二）提高审核效率。以"规范、安全、便捷"为原则，整合利用现有资源，将受理、审核、发放、监督等工作纳入信息化管理，简化申报材料，优化审核流程，强化信息共享，完善服务标准，创新服务模式，提高经办服务质量。有条件的地区，可以运用电子政务手段，探索实行技能提升补贴网络在线申请、审核。

（三）强化监督管理。职业技能鉴定机构要严格鉴定标准，严把证书发放质量。失业保险经办机构要建立与职业技能鉴定机构的信息共享、沟通协调机制，通过信息比对有效甄别证书的真实性，严防冒领、骗取补贴。制订补贴资金的审核、公示、拨付、监督等制度，严格财务管理和资金监管，防范廉洁风险。公示补贴发放情况，畅通投诉举报渠道，发挥社会监督作用。对违法违规行为，按规定追究相关责任。

（四）加大宣传力度。设计编印通俗易懂的宣传材料，深入企业、街道、社区，开展形式多样的政策解读和集中宣传活动；在失业保险经办机构、职业技能鉴定机构、人力资源市场等场所，悬挂、张贴、发放宣传材料；运用广播电视、报纸期刊、微博微信等渠道宣传申领条件、申请办法、受理部门、办理时限。通过广泛宣传，使参保职工了解政策内容，熟悉办理程序，知晓办事场所，更方便更快捷地享受政策。

本《通知》自印发之日起开始施行。各地在政策执行中遇到的重大问题应及时向人力资源社会保障部、财政部报告。人力资源社会保障部、财政部适时组织开展政策绩效评估，根据实际调整完善政策。

人力资源社会保障部
财政部
2017年5月15日

人力资源社会保障部关于工伤保险待遇调整和确定机制的指导意见

人社部发〔2017〕58号

各省、自治区、直辖市及新疆生产建设兵团人力资源社会保障厅（局）：

　　工伤保险待遇是工伤保险制度的重要内容。随着经济社会发展，职工平均工资与生活费用发生变化，适时调整工伤保险待遇水平，既是工伤保险制度的内在要求，也是促进社会公平、维护社会和谐的职责所在，是各级党委、政府保障和改善民生的具体体现。根据《工伤保险条例》，现就工伤保险待遇调整和确定机制，制定如下指导意见：

　　一、总体要求

　　全面贯彻党的十八大和十八届三中、四中、五中、六中全会精神，深入贯彻习近平总书记系列重要讲话精神和治国理政新理念新思想新战略，紧紧围绕统筹推进"五位一体"总体布局和协调推进"四个全面"战略布局，坚持以人民为中心的发展思想，依据社会保险法和《工伤保险条例》，建立工伤保险待遇调整和确定机制，科学合理确定待遇调整水平，提高工伤保险待遇给付的服务与管理水平，推进建立更加公平、更可持续的工伤保险制度，不断增强人民群众的获得感与幸福感。

　　工伤保险待遇调整和确定要与经济发展水平相适应，综合考虑职工工资增长、居民消费价格指数变化、工伤保险基金支付能力、相关社会保障待遇调整情况等因素，兼顾不同地区待遇差别，按照基金省级统筹要求，适度、稳步提升，实现待遇平衡。原则上每两年至少调整一次。

二、主要内容

（一）伤残津贴的调整。伤残津贴是对因工致残而退出工作岗位的工伤职工工资收入损失的合理补偿。一级至四级伤残津贴调整以上年度省（区、市）一级至四级工伤职工月人均伤残津贴为基数，综合考虑职工平均工资增长和居民消费价格指数变化情况，侧重职工平均工资增长因素，兼顾工伤保险基金支付能力和相关社会保障待遇调整情况，综合进行调节。伤残津贴调整可以采取定额调整和适当倾斜的办法，对伤残程度高、伤残津贴低于平均水平的工伤职工予以适当倾斜。（具体计算公式见附件1）

五级、六级工伤职工的伤残津贴按照《工伤保险条例》的规定执行。

（二）供养亲属抚恤金的调整。供养亲属抚恤金是工亡职工供养亲属基本生活的合理保障。供养亲属抚恤金调整以上年度省（区、市）月人均供养亲属抚恤金为基数，综合考虑职工平均工资增长和居民消费价格指数变化情况，侧重居民消费价格指数变化，兼顾工伤保险基金支付能力和相关社会保障待遇调整情况，综合进行调节。供养亲属抚恤金调整采取定额调整的办法。（具体计算公式见附件2）

（三）生活护理费的调整。生活护理费根据《工伤保险条例》和《劳动能力鉴定 职工工伤与职业病致残等级》相关规定进行计发，按照上年度省（区、市）职工平均工资增长比例同步调整。职工平均工资下降时不调整。

（四）住院伙食补助费的确定。省（区、市）可参考当地城镇居民消费支出结构，科学确定工伤职工住院伙食补助费标准。住院伙食补助费原则上不超过上年度省（区、市）城镇居民日人均消费支出额的40%。

（五）其他待遇。一次性伤残补助金、一次性工亡补助金、丧葬补助金按照《工伤保险条例》规定的计发标准计发。工伤医疗费、辅助器具配置费、工伤康复和统筹地区以外就医期间交通、食宿费用等待遇，根据《工伤保险条例》和相关目录、标准据实支付。

一次性伤残就业补助金和一次性工伤医疗补助金，由省（区、市）综合考虑工伤职工伤残程度、伤病类别、年龄等因素制定标准，注重引导和促进工伤职工稳定就业。

三、工作要求

（一）高度重视，加强部署。建立工伤保险待遇调整和确定机制，关系广大工伤职工及工亡职工供养亲属的切身利益。各地要切实加强组织领导，提高认识，扎实推进，从2018年开始，要按照指导意见规定，结合当地实际，做好待遇调整和确定工作，与工伤保险基金省级统筹工作有机结合、紧密配合、同步推进，防止出现衔接问题和政策冲突。

（二）统筹兼顾，加强管理。要统筹考虑工伤保险待遇调整涉及的多种因素，详细论证，周密测算，选好参数和系数，确定科学、合理的调整额，建立科学、有效的调整机制。省（区、市）人力资源社会保障部门要根据《工伤保险条例》和本指导意见制定调整方案，报经省（区、市）人民政府批准后实施。要加强管理，根据《工伤保险条例》规定，统筹做好工伤保险其他待遇的调整、确定和计发，进一步加强待遇支付管理，依规发放和支付，防止跑冒滴漏、恶意骗保，维护基金安全。

（三）正确引导，确保稳定。工伤保险待遇调整直接涉及民生，关乎公平与效率。要加强工伤保险政策宣传，正确引导舆论，争取社会对待遇调整工作的理解与支持，为调整工作营造良好舆论氛围。做好调整方案的风险评估工作，制定应急处置预案，确保待遇调整工作平稳、有序、高效。待遇调整情况请及时报人力资源社会保障部。

附件：1. 一级至四级工伤职工伤残津贴调整公式（略）
      2. 供养亲属抚恤金调整公式（略）

人力资源社会保障部
2017 年 7 月 28 日

财政部 国家发展和改革委员会关于暂免征银行业监管费和保险业监管费的通知

财税〔2017〕52号

银监会、保监会：

　　为进一步减轻企业负担，促进实体经济发展，经国务院同意，现就暂免征银行业监管费和保险业监管费有关事项通知如下：

　　一、免征银行业监管费（包括机构监管费和业务监管费）和保险业监管费（包括机构监管费和业务监管费）。

　　二、免征上述行政事业性收费后，银监会和保监会依法履行管理职能所需相关经费，仍由中央预算安排资金予以保障。

　　三、银监会和保监会应当于2017年8月31日前，完成以前年度银行业监管费和保险业监管费的汇算清缴工作。两项行政事业性收费的清欠收入，应当足额征收，并按照财政部规定的渠道全额上缴中央国库。

　　四、本通知自2017年7月1日起执行，有效期截至2020年12月31日。

财政部　国家发展改革委
2017年6月19日

人力资源社会保障部办公厅关于贯彻落实贪污社会保险基金属于刑法贪污罪中较重情节规定的通知

人社厅发〔2017〕107号

各省、自治区、直辖市及新疆生产建设兵团人力资源社会保障厅（局）：

近日，《最高人民检察院关于贪污养老、医疗等社会保险基金能否适用〈最高人民法院 最高人民检察院关于办理贪污贿赂刑事案件适用法律若干问题的解释〉第一条第二款第一项规定的批复》（以下简称"批复"）明确，养老、医疗、工伤、失业、生育等社会保险基金可以认定为《最高人民法院、最高人民检察院关于办理贪污贿赂刑事案件适用法律若干问题的解释》第一条第二款第一项规定的"特定款物"，即贪污社会保险基金属于刑法第三百八十三条第一款规定的"其他较重情节"，贪污社会保险基金数额在一万元以上不满三万元的，依法判处三年以下有期徒刑或者拘役，并处罚金。批复明确把贪污社会保险基金作为刑法规定的"较重情节"，降低了贪污社保基金行为的入刑门槛，加大了对贪污社会保险基金犯罪行为的惩治力度，体现了对社会保险基金的重视，对保障社会保险基金安全、维护参保人权益具有重要意义。各级人力资源社会保障部门要高度重视，认真学习，深刻领会，加强对社会保险基金的管理和监督，严格防止贪污社会保险基金行为，贯彻落实批复规定，维护基金安全。现将有关事项通知如下：

一、加强宣传教育，提高防范贪污社会保险基金的意识。各级人力资源社会保障部门，特别是社会保险管理部门要组织干部职工认真学习批复规定，深刻领会其实质。要把批复规定传达到社会保险管理的每名干部职工，让每名干部职工深刻认识社会保险基金安全的重要性和贪污社会保险基金的危害性。社会保险基金是老百姓的养命钱、救命钱，任何个人不能贪污挪用。贪污社会保险基金，不仅危害基金安全和群众利益，而且影响干部队伍形象和社会保险制度威信，必须受到法律的严惩。要把宣传贯彻批复规定与开展廉政教育活动结合起来，结合过往案例进行警示教育。要把宣传贯彻批复规定与贯彻执行《社会保险工作人员纪律规定》结合起来，严格遵循"二十个不准"，预防和遏制职务犯罪。

二、完善内控管理，堵塞贪污社会保险基金的风险漏洞。梳理完善社会保险经办机构管理的内控制度，从源头上堵塞可能发生贪污社会保险基金的风险漏洞。优化经办操作流程，建立健全岗位之间、业务环节之间相互监督、相互制衡的机制，明确岗位职责，建立责任追究制度。严格社会保险基金管理，执行基金财务会计制度，做到基金账账相符，账实相符，日清月结。实现社会保险管理服务全面信息化，用流程管事，用电脑管人，加强信息化对业务工作的监督控制。落实政务公开要求，公开社会保险政策和办事指南，及时告知个人权益变化情况。

三、严格基金监督，着力查处贪污社会保险基金的违法行为。突出重点，梳理排查容易发生贪污社会保险基金行为的风险点，加强对财务会计、出纳等重要岗位的监督检查，加强对基金征缴、待遇发放等重要环节的监督检查，加强对政策变化、干部调整等重要时段的监督检查。加大力度，在做好日常监督检查的基础上，加强专项监督检查。创新手段，积极应用社会保险基金监管系统，提高监督效能，增强监督针对性和时效性。形成合力，鼓励和支持社会各方面参与基金监督，依法受理举报，构建行政监督与社会监督有机结合的全方位基金监督体系。从严查处，对发现涉嫌贪污社会保险基金的行为坚决一查到底，绝不放纵。

四、建立衔接机制，严惩贪污社会保险基金的犯罪行为。落实《行政执法机关移送涉嫌犯罪案件的规定》要求，加强与检察机关的沟通，建立行政执法与刑事司法衔接机制。对涉嫌贪污社会保险基金犯罪的，及时将案件移送人民检察院处理。要积极配合检察机关，做好社会保险基金管理政策咨询、资料提供、调查取证等工作，支持查处贪污社会保险基金的犯罪行为，严厉打击犯罪分子，维护社会保险基金安全，维护社会保险制度威信，维护参保群众利益。

附件：最高人民检察院关于贪污养老、医疗等社会保险基金能否适用《最高人民法院最高人民检察院关于办理贪污贿赂刑事案件适用法律若干问题的解释》第一条第二款第一项规定的批复（略）

人力资源社会保障部办公厅

2017 年 8 月 22 日

中国保监会关于开展重点新材料首批次应用保险试点工作的指导意见

保监发〔2017〕60号

各保监局，中国保险行业协会，各财产保险公司，各保险专业中介机构：

近期，工业和信息化部、财政部、保监会三部门联合发布《关于开展重点新材料首批次应用保险补偿机制试点工作的通知》（工信部联原〔2017〕222号，以下简称《通知》），决定建立重点新材料首批次应用保险补偿机制。为贯彻落实《通知》要求，做好试点工作，现提出以下指导意见：

一、新材料是先进制造业的支撑和基础，其性能、技术、工艺等直接影响电子信息、高端装备等下游领域的产品质量和生产安全。为重点新材料的创新成果转化引入保险补偿机制，是充分利用市场化手段对新材料应用示范风险控制和分担作出的制度性安排，有利于加快新材料创新成果转化和应用，提高新材料企业创新活力，促进传统材料工业供给侧结构性改革，提升新材料产业整体发展水平，服务国家创新驱动发展战略。

二、重点新材料首批次应用保险试点坚持"政府引导、市场运作"原则。首批次新材料生产企业自主投保，保险公司提供定制化综合保险产品进行承保。列入工业和信息化部《重点新材料首批次应用示范指导目录》的材料产品为保险对象，使用首批次新材料的企业为保险受益方。首批次新材料生产企业为保险补偿政策的支持对象，中央财政对符合条件的投保企业提供保费补贴。

三、重点新材料首批次应用保险产品为保障质量风险和责任风险的创新型综合保险产品，由中国保险行业协会制定统一的示范条款并公开发布。"综合险"承保的质量风险，主要保障因新材料质量缺陷导致合同用户企业要求更换或退货的风险；承保的责任风险，主要保障因新材料质量缺陷造成合同用户企业财产损失或发生人身伤亡的风险。鼓励保险公司根据企业实际情况，创新提供货物运输险、其他责任险等保险产品。

四、投保企业依据新材料质量安全问题发生后可能造成的损害范围、损失程度等因素，确定足以赔付质量安全损害的责任限额并据此投保。鼓励大型材料生产企业投保较高责任限额，充分转移相关风险。原则上中央财政补贴的责任限额不超过合同金额的5倍，且最高不超过5亿元人民币。

五、保险公司应综合考虑投保企业的行业种类、生产经营规模、风险管理水平、历史损失、信用记录等情况，科学合理地确定保险费率。原则上中央财政以最高不超过3%的费率标准给予补贴。

六、承保重点新材料首批次应用保险的保险公司应满足以下条件：

1. 注册资本金应不低于10亿元人民币；

2. 最近四个季度核心偿付能力充足率不低于75%，综合偿付能力充足率不低于150%，风险综合评级不低于B类；

3. 风险管理能力强、机构网络健全、承保理赔服务优质、具备开展相关政策性保险项目的经验和相应的技术专家团队；

4. 保险监督管理机构要求的其他条件。

七、参与试点的保险公司名单将在工业和信息化部、财政部和保监会三部门的官方网站公布，方便企业投保查询。试点保险公司应参照示范条款设计保险产品，并事先向中国保监会发展改革部报告。

八、保险中介机构可以按市场规则参与重点新材料首批次应用保险补偿机制试点并取得合理合法收入。保险中介机构应切实发挥自身在保险交易活动中的桥梁纽带作用及专业优势，加大宣传力度，依法合规开展中介业务，提供规范中介服务。

九、参与试点的保险公司应高度重视试点工作，组建总公司直接领导的专业团队，加强内控管理，完善承保、理赔、财务等相关制度，依法合规积极开展相关业务，不断优化产品方案和保险服务，严禁恶性竞争。

试点保险公司应严格财务管理，不得在该业务中列支与业务无关的管理费用，可列支项目应据实列支。

试点保险公司应于每季度首月15日前向中国保监会发展改革部报送上一季度重点新材料首批次应用保险承保项目、保费收入、保险金额、赔款支出等相关信息。

试点保险公司应做好承保管理、风险评估、防灾防损、损失核算等基础数据的积累和试点经验的总结，为建立科学合理的产品定价机制奠定基础。

试点保险公司应严格遵守国家保密相关法律法规，对承保的涉及国家秘密、商业秘密项目加强保密管理，强化泄密责任追究。

十、工业和信息化部、财政部和保监会三部门每年将联合对参保重点新材料首批次应用保险的保险标的进行复核，符合条件的投保企业可以获得中央财政提供的保费补贴。保监会将联合工业和信息化部、财政部定期开展业务检查，对存在违规行为的保险机构进行处罚，并取消试点资格。

各保监局应加强与当地工业和信息化主管部门、财政部门的沟通协调，向辖内材料生产企业做好政策宣讲，推动重点新材料首批次应用保险试点相关政策的贯彻落实。同时，加强监督检查，切实维护保险消费者合法权益。

中国保监会
2017年9月12日

中国保监会关于整治机动车辆保险市场乱象的通知

保监财险〔2017〕174号

各保监局、各财产保险公司、中国保险行业协会：

为强化保险监管，打击违法违规行为，整治市场乱象，维护车险消费者合法权益，促进车险市场持续健康发展，现就整治机动车辆保险市场乱象有关事项通知如下：

一、各财产保险公司应树立科学经营理念，强化合规主体责任。不得忽视内控合规和风险管控，盲目拼规模、抢份额。不得脱离公司发展基础和市场承受能力，向分支机构下达不切实际的保费增长任务。不得偏离精算定价基础，以低于成本的价格销售车险产品，开展不正当竞争。

二、各财产保险公司应加强费用预算、审批、核算、审计等内控管理，据实列支各项经营管理费用，确保业务财务数据真实、准确、完整。不得以直接业务虚挂中介业务等方式套取手续费。不得以虚列"会议费""宣传费""广告费""咨询费""服务费""防预费""租赁费""职工绩效工资""理赔费用""车辆使用费"等方式套取费用。

财产保险公司应强化手续费核算管控。对于保险销售过程中向保险中介机构支付的费用，应坚持实质重于形式的原则，如实记入"手续费支出"科目。不得将在车险销售过程中产生的、与车险销售收入或保单销售数量挂钩的费用计入"宣传费""广告费""咨询费""服务费""技术服务费"等其他科目。

财产保险公司应做好车险费用入账和费用分摊工作。不得将费用在不同时期、不同地域、不同险种、不同分支机构以及同一集团内部不同子公司之间，或以违规签订再保险合同的方式在不同市场主体之间进行调节。总公司及省公司本级不开展销售活动的，不得在总公司及省公司本级列支销售类费用。总公司开展销售活动的，应将销售费用分摊到保险业务所在地的分支机构。

三、各财产保险公司应加强对车险中介业务的合规性管控，履行对中介机构及个人的授权和管理责任。不得委托未取得合法资格的机构从事保险销售活动，不得向不具备合法资格的机构支付或变相支付车险手续费。不得委托或放任合作中介机构将车险代理权转授给其他机构。

财产保险公司发现非合作机构假借合作名义开展车险销售活动的，应及时在官方网站、中国保险行业协会网站等公开途径发表声明，并依法追究相关机构的法律责任。未公开声明的，财产保险公司应对此承担相应的法律责任。

财产保险公司应加强对车险业务归属地的内部管控，不得直接或委托中介机构开展异地车险业务。

四、各财产保险公司应加强对第三方网络平台合作车险业务的合规性管控。财产保险公司可以委托第三方网络平台提供网页链接服务，但不得委托或允许不具备保险中介合法资格的第三方网络平台在其网页上开展保费试算、报价比价、业务推介、资金支付等保险销售活动。

五、各财产保险公司应按照规定报批和使用车险条款费率。未经批准，不得使用口头约定、特别约定、补充协议、批单和退保条款等，变相修改或拆分车险产品的责任范围、保险期限、权利义务和费率水平等。

财产保险公司、保险中介机构及个人不得通过返还或赠送现金、预付卡、有价证券、保险产品、购物券、实物或采取积分折抵保费、积分兑换商品等方式，给予或者承诺给予投保人、被保险人保险合同约定以外的利益。不得以参与其他机构或个人组织的促销活动等方式变相违法支付保险合同约定以外的利益。

财产保险公司向投保人或被保险人提供机动车辆防灾减损、道路救援等服务，应在保险单特别约定栏目予以注明，并在中国保险行业协会"财产保险公司产品自主注册平台"进行登记。中国保险行业协会应就相关保险单样本向中国保监会申请备案。

六、各财产保险公司应依法开展保险业务活动，不得利用业务便利为其他机构或个人牟取不正当利益。不得通过虚增零配件项目、虚构工时项目、提高零配件价格、提升工时费定价标准等方式，故意扩大保险事故损失或增加保险理赔支出，进行不当利益输送。不得以交纳业务保证金、承保利润分成等方式向其他机构或个人进行不正当利益输送。

七、各财产保险公司应严格按照有关规定及时足额提取未决赔款准备金，不得违规调整未决赔款准备金以调节不同时期、不同地域、不同分支机构、不同险种之间的赔付率数据，导致车险业务财务数据不真实。

八、各财产保险公司应依法履行保险合同义务。不得以拖赔、惜赔、无理拒赔等方式损害保险消费者合法权益，不得要求消费者提供不必要的索赔证明文件。应优化理赔资源配置，保证理赔服务场所、理赔服务工具、理赔服务人员配备充足，不断提升理赔服务质量和水平。

九、各财产保险公司应对照本通知要求，对车险业务经营活动中的管控漏洞和违法违规行为进行自查，制定整改方案，扎实开展自查整改工作。同时，应专门针对自查过程中发现的车险内控管理薄弱环节，找差距、建制度、补短板、堵漏洞，建立依法合规经营的长效机制。

十、中国保险行业协会应依法组织制定、修订车险相关行业标准和行业规范，完善对会员单位车险市场行为的约束、管理机制，建立对会员单位投诉举报的受理、核查制度。对于涉嫌违法的，可提请保险监管部门或其他执法部门予以处理。

十一、各保监局应严格落实《中国保监会关于进一步加强保险监管维护保险业稳定健康发展的通知》（保监发〔2017〕34号）等系列文件精神，结合《2017年车险市场现场检查工作方案》相关要求，牢固树立大局意识、责任意识、担当意识，切实加强领导、精心组织实施，确保车险市场专项整治工作有序推进。对于情节严重的违法违规行为，应依法采取限制保险机构业务范围、责令保险机构停止接受车险新业务、吊销保险机构业务许可证、撤销高管人员任职资格等措施，从严从重从快进行行政处罚。

十二、各保监局发现财产保险公司存在套取手续费或其他费用用于商业贿赂，以及其他贪污、挪用、侵占等行为的，应及时向司法机关移交案件线索。发现财产保险公司在手续费科目之外归集、计量手续费支出，违反税法的，应及时向税务管理部门提供涉税违法线索。发现其他机构或者个人借用、冒用保险公司名义违法开展保险销售活动，构成犯罪的，应及时向司法机关移交案件线索。

中国保监会
2017年7月6日

保险公司合规管理办法

中国保监会关于印发《保险公司
合规管理办法》的通知
保监发〔2016〕116号

各保监局，各保险公司、各保险资产管理公司：

为进一步完善保险公司合规管理制度，提高保险合规监管工作的科学性和有效性，我会制定了《保险公司合规管理办法》。现予以印发，并将有关事项通知如下，请遵照执行：

一、各保险公司应当按照本办法的要求，设置合规管理部门、合规岗位，并配备符合规定的合规人员，相关工作应当于2017年7月1日前完成。

二、本办法实施以前，保险公司合规负责人兼管资金运用、内部审计等可能与合规管理存在职责冲突的部门，不符合本办法要求的，应当于2017年7月1日前予以调整。

三、2017年7月1日以后，保险公司申请核准任职资格的合规负责人由总经理以外的其他高级管理人员兼任的，须提供拟任合规负责人任职期间不兼管业务、财务、资金运用和内部审计部门等可能与合规管理存在职责冲突的部门的声明。

中国保监会
2016 年 12 月 30 日

第一章 总 则

第一条 为了加强保险公司合规管理，发挥公司治理机制作用，根据《中华人民共和国公司法》《中华人民共和国保险法》和《保险公司管理规定》等法律、行政法规和规章，制定本办法。

第二条 本办法所称的合规是指保险公司及其保险从业人员的保险经营管理行为应当符合法律法规、监管规定、公司内部管理制度以及诚实守信的道德准则。

本办法所称的合规风险是指保险公司及其保险从业人员因不合规的保险经营管理行为引发法律责任、财务损失或者声誉损失的风险。

第三条 合规管理是保险公司通过建立合规管理机制，制定和执行合规政策，开展合规审核、合规检查、合规风险监测、合规考核以及合规培训等，预防、识别、评估、报告和应对合规风险的行为。合规管理是保险公司全面风险管理的一项重要内容，也是实施有效内部控制的一项基础性工作。

保险公司应当按照本办法的规定，建立健全合规管理制度，完善合规管理组织架构，明确合规管理责任，构建合规管理体系，推动合规文化建设，有效识别并积极主动防范、化解合规风险，确保公司稳健运营。

第四条 保险公司应当倡导和培育良好的合规文化，努力培育公司全体保险从业人员的合规意识，并将合规文化建设作为公司文化建设的一个重要组成部分。

保险公司董事会和高级管理人员应当在公司倡导诚实守信的道德准则和价值观念，推行主动合规、合规创造价值等合规理念，促进保险公司内部合规管理与外部监管的有效互动。

第五条　保险集团（控股）公司应当建立集团整体的合规管理体系，加强对全集团合规管理的规划、领导和监督，提高集团整体合规管理水平。各成员公司应当贯彻落实集团整体合规管理要求，对自身合规管理负责。

第六条　中国保监会及其派出机构依法对保险公司合规管理实施监督检查。

第二章　董事会、监事会和总经理的合规职责

第七条　保险公司董事会对公司的合规管理承担最终责任，履行以下合规职责：

（一）审议批准合规政策，监督合规政策的实施，并对实施情况进行年度评估；

（二）审议批准并向中国保监会提交公司年度合规报告，对年度合规报告中反映出的问题，提出解决方案；

（三）决定合规负责人的聘任、解聘及报酬事项；

（四）决定公司合规管理部门的设置及其职能；

（五）保证合规负责人独立与董事会、董事会专业委员会沟通；

（六）公司章程规定的其他合规职责。

第八条　保险公司董事会可以授权专业委员会履行以下合规职责：

（一）审核公司年度合规报告；

（二）听取合规负责人和合规管理部门有关合规事项的报告；

（三）监督公司合规管理，了解合规政策的实施情况和存在的问题，并向董事会提出意见和建议；

（四）公司章程规定或者董事会确定的其他合规职责。

第九条 保险公司监事或者监事会履行以下合规职责：

（一）监督董事和高级管理人员履行合规职责的情况；

（二）监督董事会的决策及决策流程是否合规；

（三）对引发重大合规风险的董事、高级管理人员提出罢免的建议；

（四）向董事会提出撤换公司合规负责人的建议；

（五）依法调查公司经营中引发合规风险的相关情况，并可要求公司相关高级管理人员和部门协助；

（六）公司章程规定的其他合规职责。

第十条 保险公司总经理履行以下合规职责：

（一）根据董事会的决定建立健全公司合规管理组织架构，设立合规管理部门，并为合规负责人和合规管理部门履行职责提供充分条件；

（二）审核公司合规政策，报经董事会审议后执行；

（三）每年至少组织一次对公司合规风险的识别和评估，并审核公司年度合规管理计划；

（四）审核并向董事会或者其授权的专业委员会提交公司年度合规报告；

（五）发现公司有不合规的经营管理行为的，应当及时制止并纠正，追究违规责任人的相应责任，并按规定进行报告；

（六）公司章程规定、董事会确定的其他合规职责。

保险公司分公司和中心支公司总经理应当履行前款第三项和第五项规定的合规职责，以及保险公司确定的其他合规职责。

第三章　合规负责人和合规管理部门

第十一条 保险公司应当设立合规负责人。合规负责人是保险公司的高级管理人员。合规负责人不得兼管公司的业务、财务、资金运用和内部审计部门等可能与合规管理存在职责冲突的部门，保险公司总经理兼任合规负责人的除外。

本条所称的业务部门指保险公司设立的负责销售、承保和理赔等保险业务的部门。

第十二条 保险公司任命合规负责人，应当依据《保险公司董事、监事和高级管理人员任职资格管理规定》及中国保监会的有关规定申请核准其任职资格。

保险公司解聘合规负责人的，应当在解聘后10个工作日内向中国保监会报告并说明正当理由。

第十三条 保险公司合规负责人对董事会负责，接受董事会和总经理的领导，并履行以下职责：

（一）全面负责公司的合规管理工作，领导合规管理部门；

（二）制定和修订公司合规政策，制订公司年度合规管理计划，并报总经理审核；

（三）将董事会审议批准后的合规政策传达给保险从业人员，并组织执行；

（四）向总经理、董事会或者其授权的专业委员会定期提出合规改进建议，及时报告公司和高级管理人员的重大违规行为；

（五）审核合规管理部门出具的合规报告等合规文件；

（六）公司章程规定或者董事会确定的其他合规职责。

第十四条 保险公司总公司及省级分公司应当设置合规管理部门。保险公司应当根据业务规模、组织架构和风险管理工作的需要，在其他分支机构设置合规管理部门或者合规岗位。

保险公司分支机构的合规管理部门、合规岗位对上级合规管理部门或者合规岗位负责，同时对其所在分支机构的负责人负责。

保险公司应当以合规政策或者其他正式文件的形式，确立合规管理部门和合规岗位的组织结构、职责和权利，并规定确保其独立性的措施。

第十五条 保险公司应当确保合规管理部门和合规岗位的独立性，并对其实行独立预算和考评。合规管理部门和合规岗位应当独立于业务、财务、资金运用和内部审计部门等可能与合规管理存在职责冲突的部门。

第十六条 合规管理部门履行以下职责：

（一）协助合规负责人制订、修订公司的合规政策和年度合规管理计划，并推动其贯彻落实，协助高级管理人员培育公司的合规文化；

（二）组织协调公司各部门和分支机构制订、修订公司合规管理规章制度；

（三）组织实施合规审核、合规检查；

（四）组织实施合规风险监测、识别、评估和报告合规风险；

（五）撰写年度合规报告；

（六）为公司新产品和新业务的开发提供合规支持，识别、评估合规风险；

（七）组织公司反洗钱等制度的制订和实施；

（八）开展合规培训，推动保险从业人员遵守行为准则，并向保险从业人员提供合规咨询；

（九）审查公司重要的内部规章制度和业务规程，并依据法律法规、监管规定和行业自律规则的变动和发展，提出制订或者修订公司内部规章制度和业务规程的建议；

（十）保持与监管机构的日常工作联系，反馈相关意见和建议；

（十一）组织或者参与实施合规考核和问责；

（十二）董事会确定的其他合规管理职责。

合规岗位的具体职责，由公司参照前款规定确定。

第十七条 保险公司应当保障合规负责人、合规管理部门和合规岗位享有以下权利：

（一）为了履行合规管理职责，通过参加会议、查阅文件、调取数据、与有关人员交谈、接受合规情况反映等方式获取信息；

（二）对违规或者可能违规的人员和事件进行独立调查，可外聘专业人员或者机构协助工作；

（三）享有通畅的报告渠道，根据董事会确定的报告路线向总经理、董事会授权的专业委员会、董事会报告；

（四）董事会确定的其他权利。

董事会和高级管理人员应当支持合规管理部门、合规岗位和合规人员履行工作职责，并采取措施切实保障合规管理部门、合规岗位和合规人员不因履行职责遭受不公正的对待。

第十八条 保险公司应当根据业务规模、人员数量、风险水平等因素为合规管理部门或者合规岗位配备足够的专职合规人员。

保险公司总公司和省级分公司应当为合规管理部门以外的其他各部门配备兼职合规人员。有条件的保险公司应当为省级分公司以外的其他分支机构配备兼职合规人员。保险公司应当建立兼职合规人员激励机制，促进兼职合规人员履职尽责。

第十九条 合规人员应当具有与其履行职责相适应的资质和经验，具有法律、保险、财会、金融等方面的专业知识，并熟练掌握法律法规、监管规定、行业自律规则和公司内部管理制度。

保险公司应当定期开展系统的教育培训，提高合规人员的专业技能。

第四章 合规管理

第二十条 保险公司应当建立三道防线的合规管理框架，确保三道防线各司其职、协调配合，有效参与合规管理，形成合规管理的合力。

第二十一条 保险公司各部门和分支机构履行合规管理的第一道防线职责，对其职责范围内的合规管理负有直接和第一位的责任。

保险公司各部门和分支机构应当主动进行日常的合规管控，定期进行合规自查,并向合规管理部门或者合规岗位提供合规风险信息或者风险点,支持并配合合规管理部门或者合规岗位的合规风险监测和评估。

第二十二条 保险公司合规管理部门和合规岗位履行合规管理的第二道防线职责。合规管理部门和合规岗位应当按照本办法第十六条规定的职责,向公司各部门和分支机构的业务活动提供合规支持,组织、协调、监督各部门和分支机构开展合规管理各项工作。

第二十三条 保险公司内部审计部门履行合规管理的第三道防线职责,定期对公司的合规管理情况进行独立审计。

第二十四条 保险公司应当在合规管理部门与内部审计部门之间建立明确的合作和信息交流机制。内部审计部门在审计结束后,应当将审计情况和结论通报合规管理部门;合规管理部门也可以根据合规风险的监测情况主动向内部审计部门提出开展审计工作的建议。

第二十五条 保险公司应当制订合规政策,经董事会审议通过后报中国保监会备案。

合规政策是保险公司进行合规管理的纲领性文件,应当包括以下内容:

(一)公司进行合规管理的目标和基本原则;
(二)公司倡导的合规文化;
(三)董事会、高级管理人员的合规责任;
(四)公司合规管理框架和报告路线;
(五)合规管理部门的地位和职责;
(六)公司识别和管理合规风险的主要程序。

保险公司应当定期对合规政策进行评估,并视合规工作需要进行修订。

第二十六条 保险公司应当通过制定相关规章制度,明确保险从业人员行为规范,落实公司的合规政策,并为保险从业人员执行合规政策提供指引。

保险公司应当制定工作岗位的业务操作程序和规范。

第二十七条　保险公司应当定期组织识别、评估和监测以下事项的合规风险：

（一）业务行为；

（二）财务行为；

（三）资金运用行为；

（四）机构管理行为；

（五）其他可能引发合规风险的行为。

第二十八条　保险公司应当明确合规风险报告的路线，规定报告路线涉及的每个人员和机构的职责，明确报告人的报告内容、方式和频率以及接受报告人直接处理或者向上报告的规范要求。

第二十九条　保险公司合规管理部门应当对下列事项进行合规审核：

（一）重要的内部规章制度和业务规程；

（二）重要的业务行为、财务行为、资金运用行为和机构管理行为。

第三十条　保险公司合规管理部门应当按照合规负责人、总经理、董事会或者其授权的专业委员会的要求，在公司内进行合规调查。

合规调查结束后，合规管理部门应当就调查情况和结论制作报告，并报送提出调查要求的机构。

第三十一条　保险公司应当建立有效的合规考核和问责制度，将合规管理作为公司年度考核的重要指标，对各部门、分支机构及其人员的合规职责履行情况进行考核和评价，并追究违法违规事件责任人员的责任。

第三十二条　保险公司合规管理部门应当与公司相关培训部门建立协作机制，制订合规培训计划，定期组织开展合规培训工作。

保险公司董事、监事和高级管理人员应当参加与其职责相关的合规培训。保险从业人员应当定期接受合规培训。

第三十三条　保险公司应当建立有效的信息系统，确保在合规管理工作中能够及时、准确获取有关公司业务、财务、资金运用、机构管理等合规管理工作所需的信息。

第三十四条 保险公司各分支机构主要负责人应当根据本办法和公司合规管理制度，落实上级机构的要求，加强合规管理。

第五章 合规的外部监督

第三十五条 中国保监会根据保险公司发展实际，采取分类指导的原则，加强督导，推动保险公司建立和完善合规管理体系。

第三十六条 中国保监会通过合规报告或者现场检查等方式对保险公司合规管理工作进行监督和评价，评价结果将作为实施风险综合评级的重要依据。

第三十七条 保险公司应当于每年4月30日前向中国保监会提交公司上一年度的年度合规报告。保险公司董事会对合规报告的真实性、准确性、完整性负责。

公司年度合规报告应当包括以下内容：

（一）合规管理状况概述；

（二）合规政策的制订、评估和修订；

（三）合规负责人和合规管理部门的情况；

（四）重要业务活动的合规情况；

（五）合规评估和监测机制的运行；

（六）存在的主要合规风险及应对措施；

（七）重大违规事件及其处理；

（八）合规培训情况；

（九）合规管理存在的问题和改进措施；

（十）其他。

中国保监会可以根据监管需要，要求保险公司报送综合或者专项的合规报告。

中国保监会派出机构可以根据辖区内监管需要,要求保险公司省级分公司书面报告合规工作情况。

第三十八条 保险公司及其相关责任人违反本办法规定的,中国保监会可以根据具体情况采取以下监管措施:

(一) 责令限期改正;

(二) 调整风险综合评级;

(三) 调整公司治理评级;

(四) 监管谈话;

(五) 行业通报;

(六) 其他监管措施。

对拒不改正的,依法予以处罚。

第六章 附 则

第三十九条 本办法适用于在中华人民共和国境内成立的保险公司、保险集团(控股)公司。外国保险公司分公司、保险资产管理公司以及经中国保监会批准成立的其他保险组织参照适用。

保险公司计划单列市分公司参照适用本办法有关保险公司省级分公司的规定。

第四十条 本办法所称保险公司分支机构,是指经中国保监会及其派出机构批准,保险公司依法在境内设立的分公司、中心支公司、支公司、营业部、营销服务部以及各类专属机构。

本办法所称保险从业人员,是指保险公司工作人员以及其他为保险公司销售保险产品的保险销售从业人员。

第四十一条 本办法由中国保监会负责解释。

第四十二条 本办法自 2017 年 7 月 1 日起施行。中国保监会 2007 年 9 月 7 日发布的《保险公司合规管理指引》(保监发〔2007〕91 号)同时废止。

社会保险基金财务制度

财政部　人力资源和社会保障部
国家卫生和计划生育委员会
关于印发《社会保险基金财务制度》的通知
财社〔2017〕144号

各省、自治区、直辖市、计划单列市财政厅（局）、人力资源社会保障厅（局）、卫生计生委，新疆生产建设兵团财务局、人力资源社会保障局：

　　为进一步规范社会保险基金财务管理行为，加强基金收支的监督管理，根据《中华人民共和国社会保险法》、《中华人民共和国预算法》、《中华人民共和国劳动法》等相关法律法规，财政部会同人力资源社会保障部、国家卫生计生委等有关部门对《关于印发〈社会保险基金财务制度〉的通知》（财社字〔1999〕60号）进行了修订，经商中国人民银行、国家税务总局同意，现印发给你们，请认真贯彻执行。就有关问题通知如下：

　　一、各地区要根据修订后的《社会保险基金财务制度》要求，结合本地实际情况研究制定贯彻落实工作方案，确保社会保险基金财务管理工作正常运行。

二、各地区财政部门、社会保险行政部门及经办机构要密切配合,做好新财务制度的培训工作。

三、各地区要积极稳妥地做好新旧财务制度的衔接工作,执行中反映出来的问题,请及时反馈我们。

财政部 人力资源社会保障部
国家卫生计生委
2017 年 8 月 22 日

第一章 总 则

第一条 为规范社会保险基金(以下简称"基金")财务管理行为,加强基金收支的监督管理,维护公民依法参加社会保险和享受社会保险待遇的合法权益,根据《中华人民共和国社会保险法》(以下简称《社会保险法》)、《中华人民共和国预算法》(以下简称《预算法》)、《中华人民共和国劳动法》等相关法律法规,制定本制度。

第二条 本制度适用于中华人民共和国境内依据《社会保险法》建立的企业职工基本养老保险基金、城乡居民基本养老保险基金、机关事业单位基本养老保险基金、职工基本医疗保险基金、城乡居民基本医疗保险基金(包括城镇居民基本医疗保险基金、新型农村合作医疗基金、合并实施的城乡居民基本医疗保险基金)、工伤保险基金、失业保险基金、生育保险基金等基金的财务活动。

生育保险与职工基本医疗保险合并实施的统筹地区,不再单列生育保险基金。

第三条 本制度所称基金是指为了保障参保对象的权益和社会保险待遇,根据国家法律法规规定,由单位和个人缴纳、政府补助以及通过其他合法方式筹集的专项资金。

第四条 基金财务管理包括以下任务：

（一）贯彻执行国家法律法规和方针政策，依法筹集和使用基金，确保各项基金应收尽收和社会保险待遇按时足额发放；

（二）合理编制基金预算，强化收支预算执行，严格编制基金决算，真实准确反映基金预算执行情况；

（三）健全财务管理制度，加强基金核算分析，积极稳妥开展基本养老保险基金投资运营，实现基金保值增值；

（四）加强基金财务监督和内部控制，确保基金运行安全、完整、可持续。

第五条 社会保险基金财务管理和会计核算一般采用收付实现制，基本养老保险基金委托投资等部分经济业务或事项采用权责发生制。

第六条 基金纳入社会保障基金财政专户（以下简称财政专户），实行"收支两条线"管理。基金按照险种及不同制度分别建账、分账核算、分别计息、专款专用。基金之间不得相互挤占和调剂，不得违规投资运营，不得用于平衡一般公共预算。

第七条 财政部门、社会保险行政部门（卫生计生部门负责管理新型农村合作医疗及合并实施的城乡居民基本医疗保险的，为卫生计生部门，下同）及所属社会保险经办机构（简称"经办机构"）按照各自职责分工，加强对社会保险基金管理和监督，逐步实现部门间财务信息共享，促进基金管理科学化、规范化。

第二章　基金预算

第八条 基金预算是指根据国家预算管理和社会保险相关法律法规编制，经法定程序审批、具有法律效力的年度基金财务收支计划。基金预算由基金收入预算和基金支出预算组成。社会保险基金预算应当做到收支平衡。

社会保险基金预算编制应按照《预算法》《社会保险法》《预算法实施条例》以及国务院有关规定执行。

第九条 社会保险基金预算保持独立完整，与一般公共预算相衔接。基金预算按险种、不同制度和统筹地区分别编制。年度终了前，统筹地区经办机构应按照规定表式、时间和编制要求，综合考虑本年度预算执行情况、下年度经济社会发展水平以及社会保险工作计划等因素，编制下年度基金预算草案，报本级社会保险行政部门审核汇总。由税务机关负责征收的险种，社会保险费收入预算草案由经办机构会同税务机关编制。

第十条 财政部门负责审核并汇总编制社会保险年度基金预算草案，会同社会保险行政部门上报同级人民政府，经同级人大批准后，批复经办机构具体执行，并报上级财政部门和社会保险行政部门备案。由税务机关负责征收的险种，社会保险费收入预算批复税务机关和经办机构。

第十一条 经办机构严格按照批复预算执行，定期向同级财政部门和社会保险行政部门报告预算执行情况。财政部门和社会保险行政部门应逐级汇总上报预算执行情况，并加强基金运行监控，发现问题及时处置。由税务机关负责征收的险种，税务机关应严格按照批准的预算和规定的程序执行，定期向同级财政部门和社会保险行政部门报告。

第十二条 基金预算不得随意调整。执行中因特殊原因需要调整时，统筹地区经办机构应当编制预算调整方案，报同级社会保险行政部门审核汇总。统筹地区财政部门审核并汇总编制预算调整方案，会同社会保险行政部门上报同级人民政府，按要求经同级人大常务委员会批准后，批复经办机构执行，并报上级财政部门和社会保险行政部门备案。由税务机关负责征收的险种，社会保险费收入预算调整方案由经办机构会同税务机关提出，并批复税务机关和经办机构。税务机关应严格按照批准的预算和规定程序执行,定期向同级财政部门和社会保险行政部门报告。

第三章 基金筹集

第十三条 基金收入包括:社会保险费收入、财政补贴收入、集体补助收入、利息收入、委托投资收益、转移收入、上级补助收入、下级上解收入、其他收入等。上述基金收入项目按规定分别形成各项基金。

社会保险费收入指用人单位和个人按规定缴纳的社会保险费,或其他资金(含财政资金)代参保对象缴纳的社会保险费收入。

财政补贴收入指财政给予基金的补助、对参保人员的缴费补贴、对参保对象的待遇支出补助。

集体补助收入指村(社区)等集体经济组织对参保人的补助。

利息收入是指社会保险基金在收入户、财政专户及支出户中银行存款产生的利息收入或社会保险基金购买国债取得的利息收入。

委托投资收益指社会保险基金按照国家有关规定委托国家授权的管理机构进行投资运营所取得的净收益或发生的净损失。

转移收入指参保对象跨统筹地区、或跨制度流动而划入的基金收入。

上级补助收入指下级接收上级拨付的补助收入。

下级上解收入指上级接收下级上解的基金收入。

其他收入指滞纳金、违约金,跨年度退回或追回的社会保险待遇,及公益慈善等社会经济组织和个人捐助,以及其他经统筹地区财政部门核准的收入。

第十四条 企业职工基本养老保险基金收入包括基本养老保险费收入、财政补贴收入、利息收入、委托投资收益、转移收入、上级补助收入、下级上解收入、其他收入。其中:基本养老保险费收入指单位和个人按规定的缴费基数和缴费比例分别缴纳的基本养老保险费。

第十五条 城乡居民基本养老保险基金收入包括个人缴费收入、集体补助收入、财政补贴收入、利息收入、委托投资收益、转移收入、上级补助收入、下级上解收入、其他收入。其中：个人缴费收入指参保城乡居民按照规定标准缴纳的城乡居民基本养老保险费收入，包括财政资金代参保对象缴纳的基本养老保险费收入。

追回重复领取的城乡居民基本养老保险待遇并从企业职工基本养老保险待遇中抵扣的列其他收入。

第十六条 机关事业单位基本养老保险基金收入包括基本养老保险费收入、财政补贴收入、利息收入、委托投资收益、转移收入、上级补助收入、下级上解收入、其他收入。其中：基本养老保险费收入指单位和个人按缴费基数的一定比例分别缴纳的基本养老保险费。

第十七条 职工基本医疗保险基金收入按规定分别计入职工基本医疗保险统筹基金收入和职工基本医疗保险个人账户收入。

职工基本医疗保险统筹基金收入包括按规定计入统筹基金账户的医疗保险费收入、财政补贴收入、利息收入、上级补助收入、下级上解收入、其他收入。其中：医疗保险费收入指用人单位和个人按照规定缴费基数和费率缴纳的医疗保险费以及其他资金资助参保对象缴纳的保费收入。

职工基本医疗保险个人账户收入包括按规定计入个人账户的医疗保险费收入、利息收入、转移收入、上级补助收入、下级上解收入、其他收入。

第十八条 城乡居民基本医疗保险基金收入包括城乡居民基本医疗保险费收入、财政补贴收入、利息收入、上级补助收入、下级上解收入、其他收入。其中：

城乡居民基本医疗保险费收入指城乡居民按照规定缴费标准缴

纳的保费收入，有条件的用人单位对职工家属参保缴费给予的资助，乡村集体经济组织对农民参保缴费给予的资助，以及城乡医疗救助基金等资助参保对象缴纳的保费收入。

新型农村合作医疗统筹地区可从基金收入中提取风险基金，主要用于弥补基金非正常超支造成的基金临时周转困难等。风险基金可由统筹地区或省级统一管理。

第十九条　工伤保险基金收入包括工伤保险费收入、财政补贴收入、利息收入、上级补助收入、下级上解收入、其他收入。其中：

工伤保险费收入是指用人单位按照规定缴费基数和费率缴纳及难以直接按照工资总额计算缴纳工伤保险费的部分行业企业按规定方式缴纳的工伤保险费。

工伤保险省级统筹实行省级调剂金管理的省份，由省级建立调剂金，用于调剂解决各市（地）工伤保险基金支出缺口。各市（地）将基金收入按照一定规则和比例上解到省级财政专户集中管理。

第二十条　失业保险基金收入包括失业保险费收入、财政补贴收入、利息收入、转移收入、上级补助收入、下级上解收入、其他收入。其中：失业保险费收入指用人单位和个人按照规定缴费基数和费率缴纳的失业保险费。

第二十一条　生育保险基金收入包括生育保险费收入、财政补贴收入、利息收入、上级补助收入、下级上解收入、其他收入。其中：生育保险费收入是指用人单位按照规定缴费基数和费率缴纳的生育保险费。

第二十二条　基金应按照《社会保险法》和其他有关行政法规规定按时、足额筹集，任何地区、部门、单位和个人不得截留和减免。

社会保险费征收机构应当依照法律、行政法规的规定，及时、足额征收应征社会保险费，不得违反法律、行政法规规定多征或减征，不得截留、占用或挪用。

各级财政部门应根据《预算法》和《社会保险法》等法律、法规及相关制度规定安排基金财政补助，纳入同级财政年度预算并按规定程序及时办理拨付手续。

用人单位和个人应当以货币形式全额缴纳社会保险费，严禁以物抵费，对于未按规定按时足额缴纳社会保险费的用人单位，征收机构按照有关法律法规进行处理。

第二十三条　社会保险费征收机构应当按时足额将征收的基金收入缴入财政专户，具体时间和方式由各省、自治区、直辖市自定。缴入资金时，须填制银行制发的进账单、划款凭证（一式多联）或其他有效凭证，有关部门或机构凭该凭证记账。

税务机关征收社会保险费的，经办机构应及时向税务机关提供征收所需的用人单位和个人参保登记等相关信息，税务机关应及时向经办机构提供征收信息、征收明细数据等相关情况。

第四章　基金支付

第二十四条　基金支出包括社会保险待遇支出、转移支出、补助下级支出、上解上级支出、其他支出等。

社会保险待遇支出指按规定支付给社会保险对象的待遇支出，包括为特定人群缴纳社会保险费形成的支出。

转移支出指参保对象跨统筹地区或跨制度流动转出的基金支出。

补助下级支出指上级拨付下级的支出。

上解上级支出指下级上解上级的支出。

其他支出指经国务院批准或国务院授权省级人民政府批准开支的其他非社会保险待遇性质的支出。

第二十五条 企业职工基本养老保险基金支出包括养老保险待遇支出、转移支出、补助下级支出、上解上级支出、其他支出。

养老保险待遇支出包括基本养老金、医疗补助金、丧葬补助金和抚恤金、病残津贴。

基本养老金包括基础养老金、个人账户养老金、过渡性养老金和支付给《国务院关于建立统一的企业职工养老保险制度的决定》（国发〔1997〕26号）实施前已经离休、退休和退职人员的离休金、退休金、退职金、补贴。个人账户养老金包括按月支付的个人账户养老金支出以及个人账户一次性支出。个人账户一次性支出指参加企业职工基本养老保险的个人由于死亡、出国（境）定居等情况下退还其本人个人账户资金额的支出。

医疗补助金指按规定支付已纳入企业职工基本养老保险基金开支范围的离休、退休、退职人员的医疗费用。

丧葬补助金和抚恤金指用于已纳入企业职工基本养老保险基金开支范围的参保人员因病或非因工死亡后的丧葬补助费用及其遗属的抚恤费用。

病残津贴指按国家规定标准对未达到法定退休年龄时因病或非因工致残完全丧失劳动能力的参保人员发放的基本生活费。

从企业职工基本养老保险基金中抵扣重复领取的城乡居民基本养老保险待遇支出从其他支出中列支。

第二十六条 城乡居民基本养老保险基金支出包括养老保险待遇支出、转移支出、补助下级支出、上解上级支出、其他支出。

养老保险待遇支出包括按规定支付给参保城乡居民的基础养老金和个人账户养老金，以及丧葬补助金。

基础养老金指按规定计发标准，由各级财政为符合待遇领取条件的参保城乡居民全额予以补助的养老金待遇。

个人账户养老金指参保城乡居民达到养老保险待遇领取条件时，按照个人账户全部储存额除以计发月数，支付给参保城乡居民的养老金待遇，以及个人账户一次性支出。个人账户一次性支出指参加城乡居民基本养老保险的个人由于死亡、出国（境）定居以及在企业职工基本养老保险和城乡居民基本养老保险重复缴费等情况下退还其本人个人账户存储额的支出。

丧葬补助金指在建立丧葬补助金制度的地区，参保人死亡后，政府给予遗属用于丧葬的补助费用。

转移支出指跨统筹地区或跨制度流动转出的个人账户资金额等。

第二十七条 机关事业单位基本养老保险基金支出包括养老保险待遇支出、转移支出、补助下级支出、上解上级支出、其他支出。

养老保险待遇支出包括基本养老金、丧葬补助金和抚恤金、病残津贴。

基本养老金包括基础养老金、个人账户养老金、过渡性养老金，机关事业单位工作人员养老保险制度改革实施前已经退休、退职人员的退休（职）费和病退人员生活费，以及按照人力资源社会保障部、财政部《关于贯彻落实〈国务院关于机关事业单位工作人员养老保险制度改革的决定〉的通知》（人社部发〔2015〕28号）规定在10年过渡期内退休人员按新老办法对比后的补差资金。个人账户养老金包括按月支付的个人账户养老金支出以及个人账户一次性支出。个人账户一次性支出指参加机关事业单位基本养老保险的个人由于死亡、出国（境）定居等情况下退还其本人个人账户余额的支出。

丧葬补助金和抚恤金指用于已纳入机关事业单位基本养老保险基金开支范围的参保人员因病或非因工死亡后的丧葬补助费用及其遗属的抚恤费用。

病残津贴指按国家规定标准对未达到法定退休年龄时因病或非因工致残完全丧失劳动能力的参保人员发放的基本生活费。

第二十八条 职工基本医疗保险基金支出包括职工基本医疗保险待遇支出、转移支出、补助下级支出、上解上级支出、其他支出。

职工基本医疗保险待遇支出按规定分别计入职工基本医疗保险统筹基金待遇支出和职工基本医疗保险个人账户待遇支出。

职工基本医疗保险统筹基金待遇支出指按规定在统筹基金支付范围以内，在起付标准以上、最高支付限额以下由统筹基金支付的医疗费补偿支出，包括住院费用支出、门诊大病和门诊统筹费用支出。生育保险与职工基本医疗保险合并实施的统筹地区，职工基本医疗保险统筹基金待遇支出中包含生育待遇支出。生育待遇支出包括生育医疗费用支出和生育津贴支出。

职工基本医疗保险个人账户待遇支出指按规定由个人账户开支的支出，主要包括个人自付的门诊费用支出、住院费用支出、在定点零售药店发生的医药费支出。个人账户资金原则上不得用于非医疗支出。

职工基本医疗保险基金的补助下级支出、上解上级支出根据具体情况分别在统筹基金和个人账户基金中列支。

职工基本医疗保险基金的转移支出在个人账户基金中列支。

第二十九条 城乡居民基本医疗保险基金支出包括城乡居民基本医疗保险待遇支出、划转用于城乡居民大病保险支出、补助下级支出、上解上级支出、其他支出。

城乡居民基本医疗保险待遇支出指基金对参保城乡居民医疗费用的补偿支出，主要包括住院费用支出，门诊费用纳入基金支付范围的地区也包括门诊费用支出。

划转用于城乡居民大病保险支出指按照规定从城乡居民基本医疗保险基金中划出一定比例或额度作为城乡居民大病保险的支出。

第三十条 工伤保险基金支出包括工伤保险待遇支出、劳动能力鉴定支出、工伤预防费用支出、补助下级支出、上解上级支出、其他支出。

工伤保险待遇支出指经工伤认定后职工应享受由工伤保险基金负担的支出。具体包括工伤医疗待遇支出、伤残待遇支出和工亡待遇支出。其中，工伤医疗待遇支出是指治疗工伤的医疗费用、康复费用、安装配置伤残辅助器具所需费用、住院伙食补助费、到统筹地区以外就医的交通食宿费；伤残待遇支出是指经劳动能力鉴定委员会确认需要生活护理的工伤人员生活护理费、一次性伤残补助金、一至四级工伤职工按月领取的伤残津贴、五至十级伤残职工按规定领取的一次性工伤医疗补助金、由工伤保险基金支付的工伤职工达到退休年龄并办理退休手续后领取的养老保险待遇低于伤残津贴以及一至四级工伤职工伤残津贴实际额低于当地最低工资标准由工伤保险基金补充的差额部分；工亡待遇支出是指职工因工死亡后，由工伤保险基金支付给的丧葬补助金、供养亲属抚恤金和一次性工亡补助金。

劳动能力鉴定支出指劳动能力鉴定委员会在进行劳动能力初次鉴定、再次鉴定、复查鉴定活动中及工伤职工辅助器具使用等确认工作中产生的，应由工伤保险基金负担的支出。

工伤预防费用支出指按规定用于工伤预防的宣传、培训等方面的支出。

第三十一条 失业保险基金支出包括失业保险待遇支出、稳定岗位补贴支出、技能提升补贴支出、转移支出、补助下级支出、上解上级支出、其他支出。其中：

失业保险待遇支出包括失业保险金支出、基本医疗保险费支出、丧葬补助金和抚恤金支出、职业培训和职业介绍补贴支出、其他费用支出。失业保险金支出指按规定支付给失业人员的失业保险金。基本医疗保险费支出指按规定为领取失业保险金人员参加职工基本医疗保险缴纳的基本医疗保险费支出，包括按规定支付给失业人员在领取失业保险金期间的医疗补助金支出。丧葬补助金和抚恤金支出指按规定支付给在领取失业保险金期间死亡的失业人员的丧葬补助费用及由其供养的配偶、直系亲属的抚恤金支出。职业培训和职业介绍补贴支出指按规定支付给失业人员在领取失业保险金期间接受职业培训、职业介绍的补贴支出。其他费用支出包括农民合同制工人一次性生活补助金和价格临时补贴支出及国家规定的其他费用。农民合同制工人一次性生活补助金支出指按规定一次性支付给合同期满不再续订或者提前解除劳动合同的农民合同制工人的生活补助费支出。价格临时补贴支出指按规定给予领取失业保险金人员的价格临时补贴支出。

稳定岗位补贴支出指按规定对稳定岗位的用人单位给予的补贴。

技能提升补贴支出指按规定对符合条件的企业职工提升技能给予的补贴。

第三十二条 生育保险基金支出包括生育保险待遇支出、补助下级支出、上解上级支出、其他支出。

第三十三条 根据社会保险的统筹范围和社会保险年度基金预算，按照国家规定的项目和标准安排基金支出，任何地区、部门、单位、个人不得增加支出项目、扩大享受人员范围、提高开支标准、虚报冒领及骗取、套取基金。

第三十四条 基金不得用于运行费用、财务费用（含银行手续费）、管理费用、兴建改建办公场所和支付人员经费，或者违反法律法规规定挪作他用。

第三十五条 基金支付需严格履行申报审核程序。经办机构根据财政部门批复的社会保险基金预算，在规定时间内向同级财政部门提交用款计划。对不符合规定的用款计划，财政部门有权不予拨款并责成经办机构予以纠正。除国家另有规定外，财政部门对用款计划审核无误后，应在规定时间内从财政专户拨付基金。社会保险经办机构应在规定时间内支付待遇。具体时间由各省、自治区、直辖市确定。

第五章　基金结余

第三十六条　基金结余指基金收支相抵后的期末余额。包括企业职工基本养老保险基金结余、城乡居民基本养老保险基金结余、机关事业单位基本养老保险基金结余、职工基本医疗保险基金结余、城乡居民基本医疗保险基金结余、工伤保险基金结余、失业保险基金结余、生育保险基金结余等。

职工基本医疗保险基金和城乡居民基本医疗保险基金遵循以收定支、收支平衡、略有结余的原则。新型农村合作医疗基金累计结余应不超过当年筹集基金总额的25%（含风险基金）。

职工基本医疗保险基金结余包括统筹基金结余和个人账户基金结余。职工基本医疗保险基金实行分账核算、统一管理。

工伤保险基金应按规定留存一定比例储备金。

第三十七条　基金结余除预留一定的支付费用外，应在保证安全的前提下，按照国务院相关规定开展投资运营实现保值增值。社会保险行政部门和财政部门对基金投资运营实施严格监管。

企业职工基本养老保险基金结余应当预留相当于两个月的支付费用。

第三十八条　基金当年入不敷出时，按以下顺序保障基金支付：

（一）动用历年滚存结余中的存款。

（二）建立基金调剂金的地区由上级调剂安排，提取风险基金的新型农村合作医疗统筹地区按程序申请动用风险基金，提取储备金的工伤保险统筹地区按程序申请动用储备金。

（三）转让或提前变现基金投资产品。

（四）同级财政部门给予补贴。

（五）在财政给予支持的同时，按照国务院有关规定报批后调整社会保险缴费比例或待遇支付政策。职工基本医疗保险基金在申请调整缴费比例之前可经同级财政部门审核并报同级人民政府批准后，在国家规定的范围内，调整单位缴纳的基本医疗保险费划入职工基本医疗保险统筹基金与职工基本医疗保险个人账户基金之间的比例。

第六章　账户管理

第三十九条　基金账户分为财政专户、收入户和支出户。

第四十条　实行经办机构征收社会保险费的地区，经办机构可以设立社会保险基金收入户。

收入户的主要用途是：暂存由经办机构征收的社会保险费收入；暂存上级经办机构下拨或下级经办机构上解的基金收入；暂存该账户利息收入；暂存社会保险基金转移收入以及其他收入等。收入户除向财政专户划转基金、向上级经办机构缴拨基金、原渠道退回保险费收入、退回转移收入等情形外不得发生其他支付业务。

实行税务机关征收社会保险费的地区税务机关不设收入户，基金及时划入财政专户。

收入户原则上月末无余额。

第四十一条　经办机构设立社会保险基金支出户。

支出户的主要用途是：接受财政专户拨入基金；暂存社会保险支付费用及该账户利息收入；支付基金支出款项；向财政专户缴入该账户利息收入；上解上级经办机构基金或下拨下级经办机构基金。

支出户除接受财政专户拨入的基金、上级经办机构拨付基金、暂存该账户利息收入、原渠道退回支付资金外，不得发生其他收入业务。

第四十二条　财政部门按照国家有关财政专户管理的规定设立财政专户。财政专户的主要用途是：接收税务机关或经办机构缴入的社会保险费收入；接收税务机关或收入户缴入的利息收入及其他收入；根据委托投资合同或有关计划接收和拨付投资运营基金；接收基金投资收益及支出户缴入的利息收入等；接收财政补贴收入；接收转移收入；接收上级财政专户划拨或下级财政专户上解基金；向上级或下级财政专户上缴或划拨基金；根据经办机构用款计划和预算向支出户拨付基金或按国家规定直接与有关机构办理基金结算；办理跨省异地就医结算业务；国家规定的其他用途。各级财政部门国库管理机构应当按月提供对账凭证，与社会保险经办机构核对账目。

第四十三条　财政专户发生的利息收入直接计入财政专户，收入户和支出户的利息收入定期缴入财政专户，且不得跨年。银行提供一式多联的利息通知单，同时送财政部门和经办机构分别记账。

财政部门应按月与经办机构沟通财政专户资金存储额变动情况，实现信息共享。

第四十四条　财政补贴收入由国库直接划入财政专户。专户银行出具一式多联原始凭证交财政部门和经办机构记账。

第四十五条　经办机构设立收入户的地区，在发生基金下拨业务时，根据经办机构的缴拨计划（简称缴拨计划，下同），财政部门应将基金从财政专户拨入同级经办机构的支出户，经下级经办机构收入户进入下级财政专户；在发生基金上缴业务时，财政部门应根据经办机构的缴拨计划，将基金从财政专户划入同级经办机构的支出户，经上级经办机构收入户进入上级财政专户。发生基金转移业务时，财政部门应根据经办机构的缴拨计划，将基金从财政专户划入同级经办机构支出户，经基金接收地经办机构收入户进入财政专户。

不设收入户的地区，发生基金上下级缴拨业务，财政部门应根据缴拨计划，将基金从上级财政专户拨入下级财政专户或从下级财政专户上解入上级财政专户。财政部门和经办机构凭财政专户缴拨凭证记账。在发生基金转移业务时，财政部门应根据缴拨计划，将基金从财政专户直接拨入基金接收地财政专户。

统筹层次较高、下级不设财政专户的地区，发生基金下拨业务时，上级财政部门应根据缴拨计划，将基金从财政专户拨入同级经办机构的支出户，再划入下级经办机构支出户。发生基金上缴业务时，从下级收入户直接上缴至上级收入户，再划入上级财政专户。

在发生跨省职工基本医疗保险和城乡居民基本医疗保险基金拨付业务时，财政部门应根据拨付计划，将基金从本省（区、市）省级财政专户直接划转拨入地省（区、市）省级财政专户。省本级不设财政专户的，可委托省会城市经办跨省社会保险基金拨付业务。

第四十六条　财政专户发生的收支，财政部门凭银行出具的原始凭证记账；银行出具一式多联原始凭证交财政部门和经办机构记账。

第四十七条　加强社会保险基金账户管理，清理归并社会保险基金收入户和支出户，根据业务工作实际情况，合理确定开户数量。新设经办机构原则上只开设一个收入户和一个支出户。

第四十八条　规范选择基金开户银行。根据资信状况、利率、网点分布、服务质量等相关因素，综合评定银行业金融机构管理服务水平，通过竞争性方式或集体决策方式，确定基金账户开户银行。

第四十九条　社会保险基金银行存款实行统一计息办法。对存入收入户和支出户的活期存款实行优惠利率，按三个月整存整取定期存款基准利率计息。对存入财政专户的存款，利率比照同期居民储蓄存款利率管理。

财政部门应按月或按季度商社会保险行政部门、经办机构制定财政专户资金购买国债和转存定期存款计划。

第七章　资产与负债

第五十条　资产包括基金运行过程中形成的现金、银行存款（含收入户存款、财政专户存款、国库存款、支出户存款）、投资、暂付款项、应收款项等。其中：暂付款包括总额预付资金、先行支付资金等。

经办机构和税务机关不得接受现金和现金支票、远期票据、有价证券等形式的缴费，支付基金采取安全高效的方式，减少现金支付。及时办理收付及存储手续，定期清理暂付款项。

财政部门、经办机构、税务机关定期对账，保证账账相符、账款相符。

确实无法收回的暂付款项，经统筹地区人民政府批准后核销。

第五十一条　负债包括基金运行过程中形成的借入款项、暂收款项、应付款项等。借入款项和暂收款项应定期清理、及时偿付。因债权人原因确实无法偿付的，经统筹地区财政部门批准后并入基金的其他收入。

第八章　基金决算

第五十二条　年度终了，统筹地区经办机构应按照规定编制年度社会保险基金决算草案，报同级社会保险行政部门审核汇总。经统筹地区财政部门审核并汇总编制，会同社会保险行政部门报本级人民政府审定后，提交同级人大常务委员会审查和批准。

第五十三条　统筹地区社会保险基金决算草案经本级人大常委会审批后，由同级财政部门、社会保险行政部门分别报送上级财政部门和社会保险行政部门。省级社会保险基金决算草案经省级人大常委会审批后，由省级财政部门、社会保险行政部门分别上报财政部、人力资源社会保障部和国家卫生计生委。

第五十四条　中央社会保险基金决算草案由人力资源社会保障部社会保险事业管理中心编制，报人力资源社会保障部审核汇总。经财政部审核并汇总编制，会同人力资源社会保障部报国务院审定后，提交全国人大常委会审查和批准。

第九章 监督检查

第五十五条 经办机构应当建立健全业务、财务、安全和风险管理制度,定期向社会公告基金收支、结余和收益情况,接受社会监督。

财政部门应当建立健全财政专户风险管理制度,定期向社会公告管理、存储结构、收益等情况,接受社会监督。

第五十六条 社会保险行政部门对社会保险基金的收支、管理和投资运营情况进行监督检查,发现存在问题的,应当提出整改建议,依法作出处理决定或者向有关行政部门提出处理建议。

财政部门、审计机关按照各自职责,对社会保险基金的收支、管理和运营情况实施监督。

第五十七条 社会保险行政部门、财政部门、审计部门应依法依规及时纠正社会保险基金管理中的违法违规行为,并采取以下措施:

(一)追回被截留、挤占、挪用、贪污的基金。

(二)退还多提、补足减免的基金。

(三)足额补发或追回违规支付的社会保险待遇支出。

(四)及时足额将收入户应缴未缴基金缴入财政专户。

(五)及时足额将财政专户基金拨付到支出户。

(六)及时足额将财政补助资金划入财政专户。

(七)停止违规投资运营行为,形成运营亏损的应向责任方追偿损失。

(八)国家法律法规和国务院社会保险行政部门、财政部门规定的其他处理办法。

第五十八条 对社会保险基金管理中的违法行为,按照《社会保险法》、《预算法》、《财政违法行为处罚处分条例》等法律法规追究法律责任。涉嫌犯罪的,依法移送司法机关处理。

第十章 附 则

第五十九条 基金专用票据由省级财政部门统一印制,有条件的地区可实行基金票据电子化管理。社会保险费由税务机关征收的,可使用税收缴款书、税收收入退还书、税收完税证明作为征收票据。

第六十条 经办机构经办的各类其他社会保险,基金财务管理参照本制度执行。

第六十一条 本制度由财政部、人力资源社会保障部、国家卫生计生委解释和修订。

第六十二条 本制度自 2018 年 1 月 1 日起施行。《财政部 劳动和社会保障部关于印发〈社会保险基金财务制度〉的通知》(财社字〔1999〕60 号)、《财政部劳动和社会保障部关于加强社会保险基金财务管理有关问题的通知》(财社〔2003〕47 号)、《财政部卫生部关于印发新型农村合作医疗基金财务制度的通知》(财社〔2008〕8 号)、《财政部 人力资源社会保障部关于印发〈新型农村社会养老保险基金财务管理暂行办法〉的通知》(财社〔2011〕16 号)、《财政部人力资源社会保障部关于机关事业单位基本养老保险基金财务管理有关问题的通知》(财社〔2016〕101 号)同时废止。

信用保证保险业务监管暂行办法

中国保监会关于印发
《信用保证保险业务监管暂行办法》的通知
保监财险〔2017〕180号

各保监局、各财产保险公司：

为进一步规范信用保证保险业务（以下简称信保业务）经营行为，加强信保业务监管，防范系统性金融风险，促进信保业务持续健康发展，我会制定了《信用保证保险业务监管暂行办法》，现印发给你们，请遵照执行。

中国保监会
2017年7月11日

第一章　总　则

第一条　为加强信用保证保险业务（以下简称信保业务）监督管理，规范信保业务经营行为，防范金融交叉风险，促进信保业务持续健康发展，保护保险活动当事人合法权益，根据《中华人民共和国保险法》等法律法规，制定本办法。

第二条 本办法所称信用保证保险，是指以信用风险为保险标的的保险，分为信用保险（出口信用保险除外）和保证保险。信用保险的投保人、被保险人为权利人；保证保险的投保人为义务人、被保险人为权利人。

本办法所称履约义务人，是指信用保险中的信用风险主体以及保证保险中的投保人。

本办法所称网贷平台信保业务，是指保险公司与依法设立并经省级地方金融监管部门备案登记、专门从事网络借贷信息中介业务活动的金融信息中介公司（以下简称网贷平台）合作，为网贷平台上的借贷双方提供的信保业务。

本办法所称保险公司，是指财产保险公司。

第三条 保险公司经营信保业务，应当坚持依法合规、小额分散、稳健审慎、风险可控的经营原则。

第四条 保险公司开展信保业务应当遵守偿付能力监管要求，确保信保业务的整体规模与公司资本实力相匹配。保险公司开展信保业务，应当关注底层风险，充分评估信保业务对公司流动性的影响，做好流动性风险管理。

第二章 经营规则

第五条 经营信保业务的保险公司，上一季度核心偿付能力充足率应当不低于75%，且综合偿付能力充足率不低于150%。

保险公司偿付能力低于上述要求的，应当暂停开展信保新业务，并可在偿付能力满足要求后恢复开展信保业务。

第六条 保险公司承保的信保业务自留责任余额不得超过上一季度末净资产的10倍。对单个履约义务人及其关联方承保的自留责任余额不得超过上一季度末净资产的5%，且不得超过5亿元。

超过以上自留责任余额要求的部分,应当办理再保险;未办理再保险的,不得承保。

保险公司承保履约义务人权利质押融资信保业务,对于权利质押物属于同一兑现主体的,参照本条对单个履约义务人的规定执行。

第七条 保险公司经营信保业务,应当谨慎评估风险,准确测算风险损失率,合理预估利润率,基础费率的厘定应当与承保的风险相匹配。

第八条 保险公司不得为以下融资行为提供信保业务:

(一)类资产证券化业务和债权转让行为;

(二)非公开发行债券业务,以及主体信用评级或债项评级AA+以下的公开发行债券业务;

(三)保险公司的控股股东、子公司以及其他关联方的融资行为(其他关联方的资金融出行为除外);

(四)中国保监会禁止承保的其他行为。

第九条 保险公司开展信保业务,不得存在以下行为:

(一)承保投保人违法违规、规避监管等行为;

(二)承保不会实际发生的损失或已确定的损失;

(三)以拆分保单期限或保险金额的形式,承保与同一借贷合同项下融资期限或融资金额不相匹配的信保业务;

(四)通过保单特别约定或签订补充协议等形式,实质性改变经审批或备案的信保产品。实质性内容包括但不限于保险标的、保险责任、责任免除、保险费率、赔付方式、赔偿处理等;

(五)承保的自然人、法人或非法人组织贷(借)款利率超过国家规定上限;

(六)中国保监会禁止的其他行为。

第十条 保险公司开展网贷平台信保业务的,应当遵守第九条规定,并不得存在以下行为:

（一）与不符合互联网金融相关规定的网贷平台开展信保业务；

（二）汽车抵押类或房屋抵押类贷款保证保险业务，单户投保人为法人和其他组织的自留责任余额超过500万元，单户投保人为自然人的自留责任余额超过100万元；其他信保业务，单户投保人为法人和其他组织的自留责任余额超过100万元，单户投保人为自然人的自留责任余额超过20万元；

（三）中国保监会禁止的其他行为。

第十一条 保险公司开展网贷平台信保业务，应当对合作的网贷平台制定严格的资质准入要求。保险公司与网贷平台签订的协议，应当明确双方权利义务。

第十二条 保险公司开展网贷平台信保业务，应当按照互联网保险业务的相关规定，做好保险产品及服务等方面信息披露。同时，保险公司应当要求合作网贷平台公布由保险公司统一制作和授权的保险产品重要信息，相关宣传内容应当经双方共同审核同意，避免网贷平台进行虚假、误导宣传。

第三章 内控管理

第十三条 保险公司应当建立符合审慎经营原则的业务制度，包括业务评估审议、决策程序、承保理赔、事后追偿和处置等制度。业务制度应贯穿信保业务全流程和各操作环节，确保相关决策或操作均有迹可查。

第十四条 保险公司开展信保业务的，应当设立专门的信保部门或管理团队，实行保前、保中、保后风险隔离的管理原则。总公司对信保业务实行集中管理，开办信保业务的分支机构应当设立专职人员负责保前风控、保中审查、保后管理，以及逾期后的催收、理赔、追偿等工作。

第十五条 总公司应当配备或聘请具有经济、金融、法律、财务、统计分析等知识背景或具有信用保证保险、融资担保、银行信贷等从业经验的专业人才，并不断加强业务培训和人才培养，提高风险识别能力。

第十六条　保险公司应当建立涵盖信保业务全流程的业务系统，应当将业务系统与财务系统衔接，并在业务系统中锁定各环节总分支机构管理层级与权限设置。鼓励保险公司开发包含信用评级模型、追偿等功能的信保业务专业操作系统。

保险公司应在业务系统中设定校验规则，控制单个及单笔履约义务人的承保金额和整体信保业务的承保金额，避免通过多次承保规避金额限制，超过公司承保限额。

第十七条　保险公司应当按照财务规则、会计准则等要求，单独核算，单独统计，分类管理，准确记录，真实反映信保业务的经营费用、经营成本和经营成果。

第十八条　保险公司开办信保业务应根据具体业务类型的风险分布特征，合理提取相关责任准备金，并对保费充足性进行测试，准确计量未到期责任风险。

第十九条　保险公司应当逐步建立以内部审核为主、第三方风控机构为辅的风险审核机制。保险公司应当对履约义务人的资产真实性、交易真实性、还款能力和还款意愿进行审慎调查，防止虚假欺诈行为。

第二十条　保险公司开展融资性保证保险业务，应当根据业务风险状况，及时监控和跟踪投保人、被保险人的往来还款资金动态，必要时建立对投保人、被保险人双方还款账户的共同监管机制。

第二十一条　保险公司应当加强对抵质押物的管理，建立抵质押物处置的有效渠道，提高对抵质押物的处置能力。保险公司对履约义务人、连带责任保证人或第三方所提供的反制措施，应当仔细核验，确保抵质押品及担保凭证的合法性、真实性、有效性。

第二十二条 保险公司应当结合信保业务的风险状况,与业务合作方建立风险共担机制,包括但不限于抵质押措施、设置免赔额或免赔率、保证金等形式,并在相关协议中明确。

第二十三条 开办信保业务的保险公司应当逐步接入中国人民银行征信系统,并将有关部门要求的相关信息及时上传征信系统。鼓励保险公司根据需要与司法系统、民政系统、第三方征信机构、各类大数据机构等进行信息对接。

第二十四条 保险公司应当建立信保业务的风险预警机制,并针对主要风险类型,设定预警指标和参数,做到早预警、早处置。

第二十五条 保险公司应当建立信保业务突发风险事件应急预案,明确处置部门及职责、处置措施和处置程序,及时化解风险,避免发生群体性、区域性事件。同时,应当加强舆论引导,做好正面宣传。

第二十六条 保险公司应当将信保业务纳入内部审计范畴,对信保业务的内部审计内容包括但不限于业务经营、风控措施、准备金提取、业务合法合规等情况。

第四章 监督管理

第二十七条 中国保监会负责整体信保业务的日常监管,各保监局负责辖区内保险公司分支机构信保业务的日常监管。中国保监会指导各保监局做好辖区内信保业务风险事件处置工作。保险公司分支机构首次开办、暂停、复办或停办信保业务,应当自出现上述情况之日起5个工作日内向当地保监局报告。

第二十八条 经营信保业务的保险公司应于每年4月底前向中国保监会报告上一年度业务经营情况,包括但不限于以下内容:

(一)内部风险管理制度建设情况及专业人才配备情况。

(二) 业务经营情况：

1. 基本情况，包括经营信保业务的区域范围、分支机构、保费规模、保险金额、赔款支出、已追回金额、尚未追回金额、实际承保费率水平；

2. 经营结果，包括信保业务的综合费用率、综合赔付率、综合成本率；

3. 其他情况，包括保险金额排名前三位的业务概况、赔款支出排名前三位的业务概况、与股东或其它关联方之间开展信保业务情况、再保险情况；

(三) 风险预警标准及风险处置情况；

(四) 信保业务的专项审计报告或审计报告中涉及信保业务的内容；

(五) 中国保监会要求报告的其他情况。

保险公司分支机构应当根据当地保监局的要求，定期报送信保业务经营情况。

第二十九条 保险公司应当建立重大风险事件报送机制，及时将重大风险事件暴发前、处置中、结案后的情况报送中国保监会和当地保监局。重大风险事件包括但不限于社会影响面较大、影响公司稳定经营、影响公司偿付能力、影响公司或行业声誉、涉及被保险人人数较多等。

第三十条 保险公司在经营信保业务过程中，存在以下情形的，中国保监会可以责令整改。对于违反《保险法》有关规定的，将依法予以行政处罚。

(一) 违反本办法规定的偿付能力要求开展信保业务的；

(二) 未按本办法规定办理再保险的；

(三) 未按本办法第八条规定超业务范围承保的；

(四) 未按本办法第九条、第十条规定开展信保业务的；

(五) 未按本办法第十二条规定信息披露的；

（六）未按规定使用经审批或备案的保险条款和费率的；

（七）违反本办法规定的其他行为。

第五章 附 则

第三十一条 保险公司以再保险（包括转分保）方式接受信保业务的，应当遵守本办法。

第三十二条 本办法由中国保监会负责解释和修订。

第三十三条 本办法自印发之日起生效，施行期限为3年。

附 录

中国保监会关于进一步加强保险公司关联交易管理有关事项的通知

保监发〔2017〕52号

各保险集团（控股）公司、保险公司、保险资产管理公司、相互保险公司：

为进一步加强保险公司关联交易监管，有效防范不正当利益输送风险，维护保险公司和保险消费者利益，根据《保险公司关联交易管理暂行办法》等规定，现将有关事项通知如下：

一、保险公司应当设立关联交易控制委员会，或指定审计委员会负责关联方识别维护、关联交易的管理、审查、批准和风险控制。

设立关联交易控制委员会的，成员不得少于五人，公司指定一名执行董事担任负责人，成员应当包括合规负责人等管理层有关人员。

一般关联交易按照内部程序审批，最终报关联交易控制委员会或审计委员会备案或批准；重大关联交易经由关联交易控制委员会或审计委员会审查后，按照有关规定提交董事会批准。

二、保险公司应当进一步完善关联交易的内部控制机制，优化关联交易管理流程，合规、业务、财务等关键环节的审查意见以及关联交易控制委员会等会议决议应当清晰留痕并存档。

三、保监会基于《保险公司关联交易管理暂行办法》和《企业会计准则》的有关规定，按照实质重于形式的原则穿透认定关联方和关联交易行为。

（一）保险公司关联方追溯至信托计划等金融产品或其他协议安排的，穿透至实际权益持有人认定关联关系。

（二）保险公司投资或委托投资于金融产品，底层基础资产包含保险公司或保险资产管理公司的关联方资产的，构成关联交易。

（三）保险资金投资股权所形成的关联方（已受所在金融行业监管的机构除外）与保险公司其他关联方发生的重大关联交易，保险公司应当建立风险控制机制，并向保监会及时报告关联交易有关情况，保险公司全资子公司之间的交易除外。

（四）保监会按照实质重于形式的原则认定的其他关联关系以及关联交易行为。

四、保险公司应当按照保险资金穿透管理的监管要求，监测资金流向，全面掌握底层基础资产状况，建立有效的关联交易控制制度。

保险公司开展资金运用和委托管理业务的，应当在协议中明确，资金投资的底层基础资产涉及保险公司关联方的，应当按照关联交易的有关规定审查并向保监会报告。委托方和受托方均为保险机构的，应当就审查责任等作出明确约定，约定不清的，双方均为关联交易识别和报告的责任单位。

五、签订统一交易协议应当符合以下规定：

（一）统一交易协议的内部审查、报告和信息披露参照重大关联交易办理。统一交易协议项下发生的关联交易无需逐笔报送，在关联交易季度报告中一并报送；

（二）统一交易协议签订期限一般不超过三年。无明确期限或者期限超过三年的统一交易协议应当自本通知生效之日起的一年内重新签订；

（三）对于统一交易协议项下发生的资金运用行为，在底层基础资产涉及保险公司关联方的，应当按照有关规定进行关联交易审查并报告。

六、基于已经报告的特定关联交易事项产生的后续赎回、赔付、还本付息、分配股息和红利、再保险摊出摊入保费等交易行为，不计入关联交易总额，也无需再次履行关联交易审批、报告和信息披露程序。

保险公司向关联方购买资产、股权的，关联交易报告中应当说明关联方最初的购买成本。保险公司向关联方出售资产、股权的，关联交易报告中应当说明最初的购买成本。

保险公司应当至少每半年更新一次关联方档案。

七、对于保险资金运用、变更注册资本、股东变更等需要请示或报告的业务行为，若该行为同时构成关联交易，保险公司应当在申请、备案或报告材料后附关联交易报告一并提交，不得单独报送。

对于固定资产的买卖、借款、租赁等不需要批准或备案的关联交易，按照现有规定报送关联交易报告。

向保监会指定机构（如中国保险资产管理业协会等）报送的业务行为，构成关联交易的，应当同时向保监会报送。

八、保监会在关联交易审查中可以采取以下措施：

（一）质询函；

（二）责令修改交易结构；

（三）责令停止或撤销关联交易；

（四）责令禁止与特定关联方开展交易；

（五）视情况需要采取的其他措施。

九、未按规定报送关联交易报告或者在关联交易内部审查环节未能勤勉尽职的有关责任人员，保监会可以采取以下措施：

（一）公开谴责，记入履职记录；

（二）认定为不适当人选；

（三）依法可以采取的其他措施。

保险公司和保险资产管理公司均有责任的，一并处理。

十、保险公司违反关联交易有关规定的，由保监会依法予以处罚。

十一、本通知所称保险公司包括在中国境内依法设立的保险集团（控股）公司、保险公司。保险资产管理公司、相互保险公司参照适用。

十二、本通知自发布之日起施行。

中国保监会

2017 年 6 月 23 日

中国保监会关于进一步加强保险公司
开业验收工作的通知

保监发〔2017〕51号

各中资保险公司筹备组：

为规范保险公司筹建行为，严格开业验收标准，从源头上健全公司治理结构，有效防范经营风险，现将有关事项通知如下：

一、加强保险公司筹建落实情况审查

（一）加强对筹建规划落实的审查。筹备组应严格按照监管要求推进保险公司筹建和开业的各项工作。拟任董事长、总经理在创立大会召开前，需向保监会陈述公司治理、高管团队、经营规划等方面的工作思路，由保监会进行综合评估。如存在与筹建申请材料严重不符或与监管导向严重偏离的，将责令其限期整改。

（二）加强公司章程有效性的审查。保险公司章程应满足《公司法》《保险法》等法律法规及《保险公司章程指引》等监管制度要求，明确董事选任、制衡机制、授权机制和问责机制等公司治理关键环节制度安排，并对公司治理失灵、治理僵局和重大经营或财务危机等特殊风险事项作事前安排，设定纠正程序。公司章程不符合相关要求的，应在公司创立大会召开前修订完成。

二、加强股东资质核查

（三）加强股东资质条件核查。保险公司股东应符合《保险法》《保险公司股权管理办法》等法律法规的相关要求。在筹建期间，股东如发生财务状况恶化、实际控制人变更、关联关系变化等影响股东资质的情形，应当在上述情形发生后十个工作日内书面通知筹备组，筹备组在收到通知后十个工作日内向保监会书面报告。保监会将对相关股东资质进行穿透性核查，要求详细说明股东资质变化的情况及原因,并根据需要进行上溯审查,采取相应监管措施。

(四)加强入股资金来源审查。股东出资资金应来源真实、合法,符合监管规定要求。在开业申请材料中,股东需提供入股资金的具体来源说明及出资前(包括出资当月)银行账户对账单等相关证明材料,并说明截至出资前的长期股权投资情况。资金来源存在疑点的,保监会将进行追溯审查,要求补充说明每一级资金来源方的基本情况和财务状况,并提供相关证明材料。

(五)加强公司股权结构核查。筹建期间股东不得转让或变相转让所持有的保险公司股权。如违反此项规定,保监会将责令限期整改或不予批准开业,并将相关股东和当事人列入准入负面清单,限制其在保险业的投资活动。

(六)强化社会监督。在筹建期间,对于社会公众和媒体关注质疑的股东股权、资金来源、拟任高管资质等问题,保监会将进行公开质询。

三、增加面谈考核,强化责任落实

(七)增加面谈考核。开业现场验收前,增加对拟任董事长、总经理、高级管理人员及关键岗位负责人的面谈环节,深入了解新设公司的战略规划、产品策略、投资决策、人员储备和公司治理等方面的筹备情况。如存在规划不切实际、业务发展激进、人员储备不足、公司治理有缺陷及其他可能影响公司运营的问题,保监会将责令筹备组进行为期两个月的整改。

(八)建立履职评价。面谈考核结果需经面谈人签字确认,并计入管理人员履职档案。保监会将进行跟踪评估,有关落实情况纳入保险行业职业经理人评价体系。

四、完善验收标准,强化长效监管

(九)建立验收评价机制。保监会将进一步完善保险公司开业验收标准,细化评估内容,建立验收评价机制。根据评价结果,做出以下决定：1. 验收合格；2. 一个月整改；3. 两个月整改，并重新验收；4. 验收不合格，不予批准开业。

（十）加强跟踪评估和长效监管。保险公司开业后的前两年，保监会将对其发展规划、产品策略、投资决策和公司治理等方面的落实情况进行跟踪评估。评估结果不达标，将不予批准保险公司新设分支机构。同时，评估结果计入保险公司战略风险评价体系，并作为变更业务范围、产品备案和投资能力备案等事项的重要依据。

本通知自发布之日起实施。保险集团（控股）公司、保险资产管理公司、自保公司、相互保险社开业验收参照执行。

中国保监会
2017 年 6 月 22 日

中国保监会关于进一步加强保险资金股票投资监管有关事项的通知

保监发〔2017〕9号

各保险集团（控股）公司、保险公司、保险资产管理公司：

为进一步明确保险机构股票投资监管政策，规范股票投资行为，防范保险资金运用风险，根据《保险法》《保险资金运用管理暂行办法》及相关规定，现就有关事项通知如下：

一、保险机构或保险机构与非保险一致行动人投资上市公司股票，分为一般股票投资、重大股票投资和上市公司收购三种情形，中国保监会根据不同情形实施差别监管。保险机构应当遵循财务投资为主的原则，开展上市公司股票投资。

本通知所称一般股票投资，是指保险机构或保险机构与非保险一致行动人投资上市公司股票比例低于上市公司总股本20%，且未拥有上市公司控制权的股票投资行为。

本通知所称重大股票投资，是指保险机构或保险机构与非保险一致行动人持有上市公司股票比例达到或超过上市公司总股本20%，且未拥有上市公司控制权的股票投资行为。

本通知所称上市公司收购，包括通过取得股份的方式成为上市公司的控股股东，或者通过投资关系、协议、其他安排的途径成为上市公司的实际控制人，或者同时采取上述方式和途径拥有上市公司控制权。

本通知所称拥有上市公司控制权的标准、一致行动人和一致行动关系，执行国务院证券监管机构的规定。本通知所称保险机构，包括保险公司、保险集团（控股）公司和保险资产管理机构等保险业内机构。本通知所称非保险一致行动人，是指在上市公司股票投资中与保险机构构成一致行动关系的保险机构以外的投资者。

二、保险机构开展一般股票投资的，上季末综合偿付能力充足率应当不低于100%；开展重大股票投资和上市公司收购的，上季末综合偿付能力充足率应当不低于150%，且已完成股票投资管理能力备案，符合有关保险资金运用内部控制的监管要求。

保险机构可以使用保险资金投资上市公司股票，自主选择上市公司所属行业范围，但应当根据资金来源、成本和期限，合理选择投资标的，加强资产负债匹配管理，服务保险主营业务发展。

三、保险机构收购上市公司，应当使用自有资金。保险机构不得与非保险一致行动人共同收购上市公司，不得以投资的股票资产抵押融资用于上市公司股票投资。

保险机构与非保险一致行动人共同开展重大股票投资，经备案后继续投资该上市公司股票的，新增投资部分应当使用自有资金。

国务院银行业监管机构对保险机构投资银行业金融机构另有规定的，从其规定。

四、保险机构开展一般股票投资发生举牌行为的，应当按照证券监管法规要求及时披露相关信息，并在信息披露义务人发布公告后5个工作日内，向中国保监会提交包括投资研究、内部决策、后续投资计划、风险管理措施等要素的报告。

五、保险机构应当在达到重大股票投资标准且按照证券监管法规要求，信息披露义务人公告后5个工作日内，向中国保监会报送包括本通知第四条规定材料及以下内容的备案材料：

（一）投资资金来源、后续投资方案、持有期限、合规报告、后续管理方案等；

（二）符合保险资金运用内部控制监管要求的自查报告，涉及本次投资的董事会或投资决策委员会决议纪要等材料；

（三）按照《保险公司资金运用信息披露准则第3号：举牌上市公司股票》进行信息披露的基本情况；

（四）中国保监会基于审慎监管原则要求提交的其他材料。

六、中国保监会严格限制保险机构收购上市公司行为。保险机构收购上市公司的，应当在事前向中国保监会申请核准。申请报告除包括本通知第五条所列文件外，还应包括以下材料：

（一）股东（大）会或者董事会投资决议；

（二）主营业务规划及业务相关度说明；

（三）专业机构提供的财务顾问报告、尽职调查报告及法律意见书；

（四）业务整合方案；

（五）投资团队及管理经验说明；

（六）资产负债匹配压力测试报告；

（七）附有经监管机构或者部门核准生效条件的投资协议。

七、保险机构收购上市公司的行业限于保险类企业、非保险金融企业和与保险业务相关、符合国家产业政策、具备稳定现金流回报预期的行业，不得开展高污染、高能耗、未达到国家节能和环保标准、技术附加值较低的上市公司收购。

八、保险机构应当按照相关监管规定，严格控制接触重大股票投资信息的人员范围，避免因信息泄露导致内幕交易或引发上市公司股票价格异常波动。

九、保险机构应当加强资产负债管理和风险限额管理，防范股票投资集中度风险和市场风险。保险机构投资权益类资产的账面余额，合计不高于本公司上季末总资产的30%。除上市公司收购及投资上市商业银行股票另有规定情形外，保险机构投资单一股票的账面余额，不得高于本公司上季末总资产的5%。对于已经运用相关政策增持蓝筹股票的保险机构，应在2年内或相关监管机构规定的期限内调整投资比例，直至满足监管规定的比例要求。

十、中国保监会对保险机构提交的事后备案材料进行审查，并在要件齐备后15个工作日内反馈备案意见；属于事前核准事项的，按照规定时间出具核准意见。保险机构在获得备案意见或书面核准文件前，不得继续增持该上市公司股票。

中国保监会认定保险机构不符合重大股票投资备案要求或者不予核准的，有权责令保险机构在规定期限内，按照中国保监会及有关监管机构的规定进行整改。

中国保监会对违反保险资金运用监管政策开展股票投资的保险机构，可以采取限制股票投资比例、暂停或取消股票投资能力备案等监管措施。

十一、保险机构与非保险一致行动人共同开展股票投资发生举牌行为的，中国保监会除要求保险机构按本通知第四条规定及时披露信息并提交报告外，还可以根据偿付能力充足率、分类监管评价结果、压力测试结果等指标采取以下一项或多项监管措施：

（一）要求保险机构报告与非保险一致行动人之间其他涉及保险资金往来的活动；

（二）要求保险机构报告非保险一致行动人以保险机构股权或股票向银行或其他机构质押融资情况，以及融资方符合保险机构合格股东资质的情况；

（三）暂停保险机构资金最终流向非保险一致行动人的股权、不动产等直接投资，以及开展上述资金流向的债权计划、股权计划、资产管理计划或其他金融产品投资；

（四）中国保监会基于审慎监管原则采取的其他措施。

十二、保险机构与非保险一致行动人共同开展重大股票投资的，应当由保险机构提交包含本公司及非保险一致行动人相关信息的备案报告。

十三、保险机构开展重大股票投资或上市公司收购的，应当根据投资计划和战略安排，加强与上市公司股东和经营层沟通，维护上市公司经营稳定。

十四、保险机构投资境外上市公司股票，应当按照投资所在地的市场规则，参照本通知执行差别监管和一致行动人的规定。

十五、中国保监会将依据监管职责，对保险机构股票投资行为开展动态持续监管，并加强与有关监管部门沟通，及时通报保险机构重大股票投资和上市公司收购的相关情况。

十六、本通知自发布之日起施行，《中国保监会关于加强和改进保险资金运用比例监管的通知》（保监发〔2014〕13号）第三部分第（一）条第二款的规定同时废止。其他有关监管规定与本通知不一致的，以本通知为准。本通知发布后，保险机构股票投资已存在不符合本通知规定情形的，应当及时报告并进行整改。

中国保监会

2017年1月24日

再保险业务管理规定

中国保险监督管理委员会令
2015 年第 3 号

现公布《中国保险监督管理委员会关于修改〈保险公司设立境外保险类机构管理办法〉等八部规章的决定》，自公布之日起施行。

2015 年 10 月 19 日

(2010 年 5 月 21 日中国保险监督管理委员会令 2010 年第 8 号发布；根据 2015 年 10 月 19 日中国保险监督管理委员会令 2015 年第 3 号《关于修改〈保险公司设立境外保险类机构管理办法〉等八部规章的决定》修订)

第一章 总 则

第一条 为了规范和发展再保险市场，加强对再保险业务的管理，实现保险业健康协调可持续发展，依据《中华人民共和国保险法》(以下简称《保险法》)、《中华人民共和国外资保险公司管理条例》以及有关法律、行政法规，制定本规定。

第二条 本规定所称再保险，是指保险人将其承担的保险业务，部分转移给其他保险人的经营行为。

本规定所称直接保险，也称原保险，是相对再保险而言的保险，由投保人与保险人直接订立保险合同的保险业务。

本规定所称转分保，是指再保险接受人将其分入的保险业务，转移给其他保险人的经营行为。

本规定所称合约分保，是指保险人与其他保险人预先订立合同，约定将一定时期内其承担的保险业务，部分向其他保险人办理再保险的经营行为。

本规定所称临时分保，是指保险人临时与其他保险人约定，将其承担的保险业务，部分向其他保险人办理再保险的经营行为。

本规定所称比例再保险，是指以保险金额为基础确定再保险分出人自留额和再保险接受人分保额的再保险方式。

本规定所称非比例再保险，是指以赔款金额为基础确定再保险分出人自负责任和再保险接受人分保责任的再保险方式。

第三条 本规定所称再保险分出人，是指将其承担的保险业务，部分转移给其他保险人的保险人；本规定所称再保险接受人，是指承接其他保险人转移的保险业务的保险人。

本规定所称分出业务，是指再保险分出人转移出的保险业务；本规定所称分入业务，是指再保险接受人接受分入的保险业务。

本规定所称直接保险公司，也称原保险公司，是相对再保险人而言，是指直接与投保人订立保险合同的保险人。

本规定所称保险联合体，是指为了处理单个保险人无法承担的特殊风险或者巨额保险业务，或者按照国际惯例，由两个或两个以上保险人联合组成、按照其章程约定共同经营保险业务的组织。

本规定所称保险经纪人，是指接受再保险分出人委托，基于再保险分出人利益，为再保险分出人与再保险接受人办理再保险业务提供中介服务，并按约定收取佣金的保险经纪机构。

第四条 在中华人民共和国境内（不含港澳台）设立的保险人、保险联合体以及保险经纪人或其他保险机构办理再保险业务，应当遵守本规定。

第五条 保险人、保险联合体和保险经纪人办理再保险业务，应当遵循审慎和最大诚信原则。

第六条 再保险分出人、再保险接受人和保险经纪人，对在办理再保险业务中知悉的商业秘密，应当负有保密义务。

第七条 中国保险监督管理委员会（以下简称中国保监会）鼓励保险人、保险联合体和保险经纪人积极为农业保险和地震、台风、洪水等巨灾保险提供保险及再保险服务。

第八条 中国保监会依法对再保险业务实施监督和管理。

第二章　业务经营

第九条 再保险业务分为寿险再保险和非寿险再保险。保险人对寿险再保险和非寿险再保险应当单独列账、分别核算。

第十条 保险人应当依照《保险法》规定，确定当年总自留保险费和每一危险单位自留责任；超过的部分，应当办理再保险。

第十一条 除航空航天保险、核保险、石油保险、信用保险外，直接保险公司办理合约分保或者临时分保的，应当符合下列规定：

（一）以比例再保险方式分出财产险直接保险业务时，每一危险单位分给同一家再保险接受人的比例，不得超过再保险分出人承保直接保险合同部分的保险金额或者责任限额的80%；

（二）每一临时分保合同分给投保人关联企业的保险金额或者责任限额，不得超过直接保险业务保险金额或者责任限额的20%。

第十二条 保险人对危险单位的划分应当符合中国保监会的相关规定，并于每年3月31日之前，将危险单位的划分方法报中国保监会备案。

第十三条 保险人应当根据实际情况,科学、合理安排巨灾再保险,并于每年 6 月 30 日之前,将巨灾风险安排方案报中国保监会备案。

第十四条 保险人应当按照中国保监会的规定办理再保险,并审慎选择再保险接受人,选择再保险接受人应当符合中国保监会的有关规定。

第十五条 再保险分出人应当将影响再保险定价和分保条件的重要信息向再保险接受人书面告知。再保险合同成立后,再保险分出人应及时向再保险接受人提供重大赔案信息、赔款准备金等对再保险接受人的准备金建立及预期赔付有重大影响的信息。

第十六条 保险人和保险经纪人可以利用金融工具开发设计新型风险转移产品。保险人应当按照有关规定向中国保监会报告。

第十七条 中国境内的专业再保险接受人,应当配备在中国境内有住所的专职再保险核保人和再保险核赔人。

第三章 再保险经纪业务

第十八条 保险经纪人从事再保险经纪业务,不得损害保险人的信誉和合法权益。

第十九条 保险经纪人可以根据业务需要引进或者设计再保险合同。

第二十条 保险经纪人应当按照与再保险分出人的约定,及时寄送账单、结算再保险款项以及履行其他义务,不得挪用或者截留再保险费、摊回赔款、摊回手续费以及摊回费用。

保险经纪人应当将再保险接受人的有关信息及时、准确地告知再保险分出人。

第二十一条 应再保险接受人的要求,保险经纪人应当按照与再保险分出人的约定，将其知道的再保险分出人的自留责任以及直接保险的有关情况书面告知再保险接受人。

第二十二条 应再保险分出人或者再保险接受人的要求，保险经纪人应当按照合同约定配合进行赔案的理赔工作。

第四章 监督管理

第二十三条 外资保险公司应当定期向中国保监会提交下列材料：

（一）外资保险公司与关联企业签订合约再保险合同后，应当在合同生效后一个月，将再保险合同简要文本（Slip）上报中国保监会；同时，在每季度结束后一个月内，将上季度与关联企业签订的生效的临分再保险合同简要文本（Slip）上报中国保监会。

（二）外资保险公司应当对其与每一个关联企业的再保险交易进行单独统计，并按中国保监会的要求报送相关资料。

第二十四条 保险人办理再保险业务，应当按照精算的原理、方法，评估各项准备金，并按照中国保监会有关规定准确、足额提取和结转各项准备金。

对于同一笔寿险业务，在法定责任准备金下，再保险接受人与再保险分出人在评估准备金时，应采用一致的评估方法与假设。

第二十五条 保险人偿付能力报告中涉及再保险业务的内容，应当符合保险公司偿付能力报告编报规则的要求。

第二十六条 外国再保险公司分公司的偿付能力状况，按照其总公司的偿付能力状况认定。

外国再保险公司分公司自留保费以其总公司直接授权的额度为限。

第二十七条 直接保险公司应当在每年 4 月 30 日以前，向中国保监会提交下列材料：

（一）以比例再保险方式分出财产险直接保险业务时，除航空航天保险、核保险、石油保险、信用保险外，上一会计年度办理合约分保和临时分保的，每一危险单位分给同一家再保险接受人的业务，超过再保险分出人承保直接保险合同部分的保险金额或者责任限额50%的交易情况；

（二）本会计年度合约分保中，对于4月30日之后签署的合约，应当于合约生效后一个月内上报下列资料：

1. 合约名称及有效期；

2. 续转或新签情况；

3. 再保险合约文本复印件；其中，对人身保险公司，只需上报新增的或者有变动的再保险合约文本复印件；

4. 直接分出情况：再保险接受人名称（注明首席接受人或最大份额接受人）及份额、资本金、资本公积、信用评级、签约再保险接受人所在国家或地区；

5. 经纪人安排情况：经纪人名称、份额、所在国家或地区，通过经纪人分出的再保险接受人的有关情况，包括再保险接受人的名称（注明首席接受人或最大份额接受人）及份额、资本金、资本公积、信用评级、签约再保险接受人所在国家或地区。

（三）财产保险公司上一会计年度以及本会计年度每一危险单位的最大净自留额；

（四）财产保险公司、人身保险公司本会计年度再保险安排的变动情况，主要包括再保合约的增加或减少、合约分保首席接受人或最大份额接受人的变化等。

第二十八条　财产保险公司应当建立再保险信息定期报告制度，按照中国保监会相关规定于每季度结束后一周内，将上一季度有关情况上报中国保监会。

第二十九条　保险公司应当在每年4月30日以前，向中国保监会提交下列报告：

（一）上一会计年度再保险业务经营情况，主要从再保险业务规模、手续费以及摊回、赔款以及摊回等分入、分出两方面表述。

（二）总精算师或精算责任人签署的、有关再保险业务的各类准备金提取办法和金额。

第三十条 直接保险公司应当将重大保险赔案及其再保险安排情况、再保险政策的重大调整等情况，及时向中国保监会报告。

前款所称重大保险赔案是指在一次保险事故中，财产损失赔偿在5000万元以上，或者人身伤亡赔付在3000万元以上的理赔案件。

第三十一条 外国再保险公司分公司应当按照下列要求向中国保监会提交有关报告：

（一）在每年7月31日以前，提交其总公司注册地保险监管机构根据当地法律出具的有关其总公司偿付能力状况的意见书或者经营状况意见书；

（二）在每年12月31日以前，提交其总公司下一年度授权的承保权限和自留保费额度；

（三）在每年1月31日和7月31日以前，提交有关转分保业务情况的报告，包括转分保分入公司名称、业务种类、合同形式、分出保费、摊回赔款以及摊回手续费等。

第三十二条 保险联合体应当在每年4月30日以前，向中国保监会报告上一年度的财务报告、业务分析报告以及与境外再保险交易情况。

第五章　法律责任

第三十三条 保险公司、保险经纪人违反本规定办理再保险分出业务的，由中国保监会责令改正，并处以5万元以上30万元以下罚款；情节严重的，可以限制业务范围、责令停止接受新业务或者吊销经营保险业务许可证。

对未按照本规定办理再保险的行为负直接责任的主管人员和其他直接责任人员给予警告,并处1万元以上10万元以下的罚款;情节严重的,撤销任职资格或从业资格;并可以禁止有关责任人员一定期限直至终身进入保险业。

第六章 附 则

第三十四条 政策性保险公司办理再保险业务参照适用本规定。不能适用本规定的,政策性保险公司应当在3个月内向中国保监会报告有关情况。

第三十五条 本规定由中国保监会负责解释。

第三十六条 本规定自2010年7月1日起施行。中国保监会2005年10月14日发布的《再保险业务管理规定》(保监会令〔2005〕2号)同时废止。

附 录

中国保监会办公厅关于《再保险业务管理规定》第十一条适用范围的复函

保监厅函〔2017〕97号

中银保险有限公司：

你公司《关于再保险业务管理规定适用范围界定的请示》（中银保险报〔2017〕34号）收悉。经研究，现函复如下：

一、《再保险业务管理规定》（2015年修订）第十一条仅适用于对直接保险业务办理再保险分出的情形。

二、《再保险业务管理规定》（2015年修订）第十一条第一款中的"财产险"，是指以财产及其有关利益为保险标的的保险。

中国保监会办公厅

2017年4月26日

全国"七五"普法学习读本
★ ★ ★ ★ ★

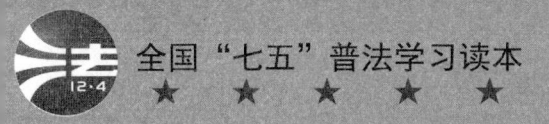

保险行业法律法规读本
保险综合法律法规

曾朝 主编

加大全民普法力度，建设社会主义法治文化，树立宪法法律至上、法律面前人人平等的法治理念。

——中国共产党第十九次全国代表大会《决胜全面建成小康社会 夺取新时代中国特色社会主义伟大胜利》

汕头大学出版社

图书在版编目（CIP）数据

保险综合法律法规 / 曾朝主编．-- 汕头：汕头大学出版社，2018.1

（保险行业法律法规读本）

ISBN 978-7-5658-3323-6

Ⅰ.①保… Ⅱ.①曾… Ⅲ.①保险法-中国-学习参考资料 Ⅳ.①D922.284.4

中国版本图书馆 CIP 数据核字（2018）第 000654 号

保险综合法律法规　　　　　BAOXIAN ZONGHE FALÜ FAGUI

主　　编：曾　朝
责任编辑：邹　峰
责任技编：黄东生
封面设计：大华文苑
出版发行：汕头大学出版社
　　　　　广东省汕头市大学路 243 号汕头大学校园内　邮政编码：515063
电　　话：0754-82904613
印　　刷：三河市祥宏印务有限公司
开　　本：690mm×960mm 1/16
印　　张：18
字　　数：226 千字
版　　次：2018 年 1 月第 1 版
印　　次：2018 年 3 月第 1 次印刷
定　　价：59.60 元（全 2 册）
ISBN 978-7-5658-3323-6

发行/广州发行中心　通讯邮购地址/广州市越秀区水荫路 56 号 3 栋 9A 室　邮政编码/510075
电话/020-37613848　传真/020-37637050

版权所有，翻版必究
如发现印装质量问题，请与承印厂联系退换

前　　言

习近平总书记指出："推进全民守法，必须着力增强全民法治观念。要坚持把全民普法和守法作为依法治国的长期基础性工作，采取有力措施加强法制宣传教育。要坚持法治教育从娃娃抓起，把法治教育纳入国民教育体系和精神文明创建内容，由易到难、循序渐进不断增强青少年的规则意识。要健全公民和组织守法信用记录，完善守法诚信褒奖机制和违法失信行为惩戒机制，形成守法光荣、违法可耻的社会氛围，使遵法守法成为全体人民共同追求和自觉行动。"

2016年4月，中共中央、国务院转发了《中央宣传部、司法部关于在公民中开展法治宣传教育的第七个五年规划（2016－2020年）》，简称"七五"普法规划。并发出通知，要求各地区各部门结合实际认真贯彻执行。通知指出，全民普法和守法是依法治国的长期基础性工作。深入开展法治宣传教育，是贯彻落实党的十八大和十八届三中、四中、五中全会精神的重要任务，是实施"十三五"规划、全面建成小康社会和新农村的重要保障。

"七五"普法规划指出：各地区各部门要根据实际需要，从不同群体的特点出发，因地制宜开展有特色的法治宣传教育……坚持集中法治宣传教育与经常性法治宣传教育相结合，深化法律进机关、进乡村、进社区、进学校、进企业、进单位的"法律六进"主题活动，完善工作标准，建立长效机制。

特别是农业、农村和农民问题，始终是关系党和人民事业发展的全局性和根本性问题。党中央、国务院发布的《关于推进社会主义新农村建设的若干意见》中明确提出要"加强农村法制建设，深入开展农村普法教育，增强农民的法制观念，提高农民依法行使权利和履行义务的自觉性。"多年普法实践证明，普及法律知识，提高法制观念，增强全社会依法办事意识具有重要作用。特别是在广大农村进行普法教育，是提高全民法律素质的需要。

多年来，我国在农村实行的改革开放取得了极大成功，农村发生了翻天覆地的变化，广大农民生活水平大大得到了提高。但是，由于历史和社会等原因，现阶段我国一些地区农民文化素质还不高，不学法、不懂法、不守法现象虽然较原来有所改变，但仍有相当一部分群众的法制观念仍很淡化，不懂、不愿借助法律来保护自身权益，这就极易受到不法的侵害，或极易进行违法犯罪活动，使得严重阻碍了全面建成小康社会和新农村步伐。

为此，根据党和政府的精神以及"七五"普法规划，特别是根据广大农村农民的现状，在有关部门和专家的指导下，特别编辑了这套《全国"七五"普法学习读本》。主要包括了广大人民群众应知应懂、实际实用的法律法规，同时附录还列举了相应的释义解析、解读解答、案例分析、实施细则、政策制度、应用表格等内容，用以配套辅导学习。

在众多法律法规中，我们通过甄别，淘汰了废止的，精选了最新的、权威的和全面的。但有部分法律法规有些条款不适应当下情况了，却没有颁布新的，我们又不能擅自改动，只得保留原有条款，但附录却有相应的补充修改意见或通知等。众多法律法规根据不同内容和受众特点，经过归类组合，优化配套。整套普法读本非常全面系统，具有很强的学习性、实用性和指导性，不仅适合各级图书馆装备陈列，也非常适合用于广大农村和城乡普法学习教育与实践指导。总之，是全社会"七五"普法的良好版本。

目录

中华人民共和国保险法

- 第一章 总则 …………………………………………… (2)
- 第二章 保险合同 ……………………………………… (3)
- 第三章 保险公司 ……………………………………… (16)
- 第四章 保险经营规则 ………………………………… (21)
- 第五章 保险代理人和保险经纪人 …………………… (25)
- 第六章 保险业监督管理 ……………………………… (27)
- 第七章 法律责任 ……………………………………… (32)
- 第八章 附则 …………………………………………… (36)

附录

　最高人民法院关于适用《中华人民共和国保险法》
　　若干问题的解释(一) ……………………………… (38)

　最高人民法院关于适用《中华人民共和国保险法》
　　若干问题的解释(二) ……………………………… (40)

　最高人民法院关于适用《中华人民共和国保险法》
　　若干问题的解释(三) ……………………………… (45)

　保险小额理赔服务指引(试行) …………………… (51)

　存款保险条例 ………………………………………… (56)

中华人民共和国社会保险法

- 第一章 总则 …………………………………………… (62)
- 第二章 基本养老保险 ………………………………… (64)

— 1 —

第三章	基本医疗保险	(66)
第四章	工伤保险	(67)
第五章	失业保险	(69)
第六章	生育保险	(71)
第七章	社会保险费征缴	(72)
第八章	社会保险基金	(73)
第九章	社会保险经办	(75)
第十章	社会保险监督	(76)
第十一章	法律责任	(78)
第十二章	附　则	(79)

实施《中华人民共和国社会保险法》若干规定

第一章	关于基本养老保险	(81)
第二章	关于基本医疗保险	(83)
第三章	关于工伤保险	(83)
第四章	关于失业保险	(84)
第五章	关于基金管理和经办服务	(85)
第六章	关于法律责任	(85)
第七章	其　他	(87)

附　录

　　人力资源社会保障部关于城镇企业职工基本养老保险关系
　　　转移接续若干问题的通知 ……………………………… (89)
　　国务院办公厅关于全面实施城乡居民大病保险的意见 …… (93)

农业保险条例

第一章	总　则	(99)
第二章	农业保险合同	(101)
第三章	经营规则	(103)

| 第四章 | 法律责任 | (104) |
| 第五章 | 附　则 | (106) |

农业保险承保理赔管理暂行办法

第一章	总　则	(107)
第二章	承保管理	(108)
第三章	理赔管理	(110)
第四章	协办业务管理	(113)
第五章	内控管理	(114)
第六章	附　则	(115)

中央财政农业保险保险费补贴管理办法

第一章	总　则	(118)
第二章	补贴政策	(119)
第三章	保险方案	(121)
第四章	保障措施	(122)
第五章	预算管理	(124)
第六章	机构管理	(127)
第七章	监督检查	(128)
第八章	附　则	(130)

保险违法行为举报处理工作办法

第一章	总　则	(131)
第二章	工作机构和职责	(132)
第三章	举报的受理和答复	(133)
第四章	监督和管理	(135)
第五章	附　则	(135)

中华人民共和国保险法

中华人民共和国主席令
第二十六号

《全国人民代表大会常务委员会关于修改〈中华人民共和国计量法〉等五部法律的决定》已由中华人民共和国第十二届全国人民代表大会常务委员会第十四次会议于2015年4月24日通过，现予公布，自公布之日起施行。

中华人民共和国主席　习近平
2015年4月24日

（1995年6月30日第八届全国人民代表大会常务委员会第十四次会议通过；根据2002年10月28日第九届全国人民代表大会常务委员会第三十次会议《关于修改〈中华人民共和国保险法〉的决定》第一次修正；2009年2月28日第十一届全国人民代表大会常务委员会第七次会议修订；根据2014年8月31日第十二届全国人民代表大会常务委员会第十次会议《关于修改〈中华人民共和国保险法〉等五部法律的决定》第二次修正；根据2015年4月

24日第十二届全国人民代表大会常务委员会第十四次会议《关于修改〈中华人民共和国计量法〉等五部法律的决定》第三次修正)

第一章 总 则

第一条 为了规范保险活动,保护保险活动当事人的合法权益,加强对保险业的监督管理,维护社会经济秩序和社会公共利益,促进保险事业的健康发展,制定本法。

第二条 本法所称保险,是指投保人根据合同约定,向保险人支付保险费,保险人对于合同约定的可能发生的事故因其发生所造成的财产损失承担赔偿保险金责任,或者当被保险人死亡、伤残、疾病或者达到合同约定的年龄、期限等条件时承担给付保险金责任的商业保险行为。

第三条 在中华人民共和国境内从事保险活动,适用本法。

第四条 从事保险活动必须遵守法律、行政法规,尊重社会公德,不得损害社会公共利益。

第五条 保险活动当事人行使权利、履行义务应当遵循诚实信用原则。

第六条 保险业务由依照本法设立的保险公司以及法律、行政法规规定的其他保险组织经营,其他单位和个人不得经营保险业务。

第七条 在中华人民共和国境内的法人和其他组织需要办理境内保险的,应当向中华人民共和国境内的保险公司投保。

第八条 保险业和银行业、证券业、信托业实行分业经营、分业管理,保险公司与银行、证券、信托业务机构分别设立。国家另有规定的除外。

第九条 国务院保险监督管理机构依法对保险业实施监督管理。

国务院保险监督管理机构根据履行职责的需要设立派出机构。派出机构按照国务院保险监督管理机构的授权履行监督管理职责。

第二章 保险合同

第一节 一般规定

第十条 保险合同是投保人与保险人约定保险权利义务关系的协议。

投保人是指与保险人订立保险合同，并按照合同约定负有支付保险费义务的人。

保险人是指与投保人订立保险合同，并按照合同约定承担赔偿或者给付保险金责任的保险公司。

第十一条 订立保险合同，应当协商一致，遵循公平原则确定各方的权利和义务。

除法律、行政法规规定必须保险的外，保险合同自愿订立。

第十二条 人身保险的投保人在保险合同订立时，对被保险人应当具有保险利益。

财产保险的被保险人在保险事故发生时，对保险标的应当具有保险利益。

人身保险是以人的寿命和身体为保险标的的保险。

财产保险是以财产及其有关利益为保险标的的保险。

被保险人是指其财产或者人身受保险合同保障，享有保险金请求权的人。投保人可以为被保险人。

保险利益是指投保人或者被保险人对保险标的具有的法律上承认的利益。

第十三条 投保人提出保险要求，经保险人同意承保，保险合同成立。保险人应当及时向投保人签发保险单或者其他保险凭证。

保险单或者其他保险凭证应当载明当事人双方约定的合同内容。当事人也可以约定采用其他书面形式载明合同内容。

依法成立的保险合同，自成立时生效。投保人和保险人可以对合同的效力约定附条件或者附期限。

第十四条 保险合同成立后，投保人按照约定交付保险费，保险人按照约定的时间开始承担保险责任。

第十五条 除本法另有规定或者保险合同另有约定外，保险合同成立后，投保人可以解除合同，保险人不得解除合同。

第十六条 订立保险合同，保险人就保险标的或者被保险人的有关情况提出询问的，投保人应当如实告知。

投保人故意或者因重大过失未履行前款规定的如实告知义务，足以影响保险人决定是否同意承保或者提高保险费率的，保险人有权解除合同。

前款规定的合同解除权，自保险人知道有解除事由之日起，超过三十日不行使而消灭。自合同成立之日起超过二年的，保险人不得解除合同；发生保险事故的，保险人应当承担赔偿或者给付保险金的责任。

投保人故意不履行如实告知义务的，保险人对于合同解除前发生的保险事故，不承担赔偿或者给付保险金的责任，并不退还保险费。

投保人因重大过失未履行如实告知义务，对保险事故的发生有严重影响的，保险人对于合同解除前发生的保险事故，不承担赔偿或者给付保险金的责任，但应当退还保险费。

保险人在合同订立时已经知道投保人未如实告知的情况的，保险人不得解除合同；发生保险事故的，保险人应当承担赔偿或者给付保险金的责任。

保险事故是指保险合同约定的保险责任范围内的事故。

第十七条 订立保险合同，采用保险人提供的格式条款的，保险人向投保人提供的投保单应当附格式条款，保险人应当向投保人说明合同的内容。

对保险合同中免除保险人责任的条款，保险人在订立合同时应当在投保单、保险单或者其他保险凭证上作出足以引起投保人注意的提示，并对该条款的内容以书面或者口头形式向投保人作出明确说明；未作提示或者明确说明的，该条款不产生效力。

第十八条 保险合同应当包括下列事项：

（一）保险人的名称和住所；

（二）投保人、被保险人的姓名或者名称、住所，以及人身保险的受益人的姓名或者名称、住所；

（三）保险标的；

（四）保险责任和责任免除；

（五）保险期间和保险责任开始时间；

（六）保险金额；

（七）保险费以及支付办法；

（八）保险金赔偿或者给付办法；

（九）违约责任和争议处理；

（十）订立合同的年、月、日。

投保人和保险人可以约定与保险有关的其他事项。

受益人是指人身保险合同中由被保险人或者投保人指定的享有保险金请求权的人。投保人、被保险人可以为受益人。

保险金额是指保险人承担赔偿或者给付保险金责任的最高限额。

第十九条 采用保险人提供的格式条款订立的保险合同中的下列条款无效：

（一）免除保险人依法应承担的义务或者加重投保人、被保险人责任的；

（二）排除投保人、被保险人或者受益人依法享有的权利的。

第二十条 投保人和保险人可以协商变更合同内容。

变更保险合同的，应当由保险人在保险单或者其他保险凭证上批注或者附贴批单，或者由投保人和保险人订立变更的书面协议。

第二十一条 投保人、被保险人或者受益人知道保险事故发生后，应当及时通知保险人。故意或者因重大过失未及时通知，致使保险事故的性质、原因、损失程度等难以确定的，保险人对无法确定的部分，不承担赔偿或者给付保险金的责任，但保险人通过其他途径已经及时知道或者应当及时知道保险事故发生的除外。

第二十二条 保险事故发生后，按照保险合同请求保险人赔偿或者给付保险金时，投保人、被保险人或者受益人应当向保险人提供其所能提供的与确认保险事故的性质、原因、损失程度等有关的证明和资料。

保险人按照合同的约定，认为有关的证明和资料不完整的，应当及时一次性通知投保人、被保险人或者受益人补充提供。

第二十三条 保险人收到被保险人或者受益人的赔偿或者给付保险金的请求后，应当及时作出核定；情形复杂的，应当在三十日内作出核定，但合同另有约定的除外。保险人应当将核定结果通知被保险人或者受益人；对属于保险责任的，在与被保险人或者受益人达成赔偿或者给付保险金的协议后十日内，履行赔偿或者给付保险金义务。保险合同对赔偿或者给付保险金的期限有约定的，保险人应当按照约定履行赔偿或者给付保险金义务。

保险人未及时履行前款规定义务的，除支付保险金外，应当赔偿被保险人或者受益人因此受到的损失。

任何单位和个人不得非法干预保险人履行赔偿或者给付保险金的义务，也不得限制被保险人或者受益人取得保险金的权利。

第二十四条 保险人依照本法第二十三条的规定作出核定后，

对不属于保险责任的,应当自作出核定之日起三日内向被保险人或者受益人发出拒绝赔偿或者拒绝给付保险金通知书,并说明理由。

第二十五条 保险人自收到赔偿或者给付保险金的请求和有关证明、资料之日起六十日内,对其赔偿或者给付保险金的数额不能确定的,应当根据已有证明和资料可以确定的数额先予支付;保险人最终确定赔偿或者给付保险金的数额后,应当支付相应的差额。

第二十六条 人寿保险以外的其他保险的被保险人或者受益人,向保险人请求赔偿或者给付保险金的诉讼时效期间为二年,自其知道或者应当知道保险事故发生之日起计算。

人寿保险的被保险人或者受益人向保险人请求给付保险金的诉讼时效期间为五年,自其知道或者应当知道保险事故发生之日起计算。

第二十七条 未发生保险事故,被保险人或者受益人谎称发生了保险事故,向保险人提出赔偿或者给付保险金请求的,保险人有权解除合同,并不退还保险费。

投保人、被保险人故意制造保险事故的,保险人有权解除合同,不承担赔偿或者给付保险金的责任;除本法第四十三条规定外,不退还保险费。

保险事故发生后,投保人、被保险人或者受益人以伪造、变造的有关证明、资料或者其他证据,编造虚假的事故原因或者夸大损失程度的,保险人对其虚报的部分不承担赔偿或者给付保险金的责任。

投保人、被保险人或者受益人有前三款规定行为之一,致使保险人支付保险金或者支出费用的,应当退回或者赔偿。

第二十八条 保险人将其承担的保险业务,以分保形式部分转移给其他保险人的,为再保险。

应再保险接受人的要求，再保险分出人应当将其自负责任及原保险的有关情况书面告知再保险接受人。

第二十九条 再保险接受人不得向原保险的投保人要求支付保险费。

原保险的被保险人或者受益人不得向再保险接受人提出赔偿或者给付保险金的请求。

再保险分出人不得以再保险接受人未履行再保险责任为由，拒绝履行或者迟延履行其原保险责任。

第三十条 采用保险人提供的格式条款订立的保险合同，保险人与投保人、被保险人或者受益人对合同条款有争议的，应当按照通常理解予以解释。对合同条款有两种以上解释的，人民法院或者仲裁机构应当作出有利于被保险人和受益人的解释。

第二节 人身保险合同

第三十一条 投保人对下列人员具有保险利益：

（一）本人；

（二）配偶、子女、父母；

（三）前项以外与投保人有抚养、赡养或者扶养关系的家庭其他成员、近亲属；

（四）与投保人有劳动关系的劳动者。

除前款规定外，被保险人同意投保人为其订立合同的，视为投保人对被保险人具有保险利益。

订立合同时，投保人对被保险人不具有保险利益的，合同无效。

第三十二条 投保人申报的被保险人年龄不真实，并且其真实年龄不符合合同约定的年龄限制的，保险人可以解除合同，并按照合同约定退还保险单的现金价值。保险人行使合同解除权，适用本法第十六条第三款、第六款的规定。

投保人申报的被保险人年龄不真实，致使投保人支付的保险费少于应付保险费的，保险人有权更正并要求投保人补交保险费，或者在给付保险金时按照实付保险费与应付保险费的比例支付。

投保人申报的被保险人年龄不真实，致使投保人支付的保险费多于应付保险费的，保险人应当将多收的保险费退还投保人。

第三十三条　投保人不得为无民事行为能力人投保以死亡为给付保险金条件的人身保险，保险人也不得承保。

父母为其未成年子女投保的人身保险，不受前款规定限制。但是，因被保险人死亡给付的保险金总和不得超过国务院保险监督管理机构规定的限额。

第三十四条　以死亡为给付保险金条件的合同，未经被保险人同意并认可保险金额的，合同无效。

按照以死亡为给付保险金条件的合同所签发的保险单，未经被保险人书面同意，不得转让或者质押。

父母为其未成年子女投保的人身保险，不受本条第一款规定限制。

第三十五条　投保人可以按照合同约定向保险人一次支付全部保险费或者分期支付保险费。

第三十六条　合同约定分期支付保险费，投保人支付首期保险费后，除合同另有约定外，投保人自保险人催告之日起超过三十日未支付当期保险费，或者超过约定的期限六十日未支付当期保险费的，合同效力中止，或者由保险人按照合同约定的条件减少保险金额。

被保险人在前款规定期限内发生保险事故的，保险人应当按照合同约定给付保险金，但可以扣减欠交的保险费。

第三十七条　合同效力依照本法第三十六条规定中止的，经保险人与投保人协商并达成协议，在投保人补交保险费后，合同效力恢复。但是，自合同效力中止之日起满二年双方未达成协议的，保险人有权解除合同。

保险人依照前款规定解除合同的,应当按照合同约定退还保险单的现金价值。

第三十八条 保险人对人寿保险的保险费,不得用诉讼方式要求投保人支付。

第三十九条 人身保险的受益人由被保险人或者投保人指定。

投保人指定受益人时须经被保险人同意。投保人为与其有劳动关系的劳动者投保人身保险,不得指定被保险人及其近亲属以外的人为受益人。

被保险人为无民事行为能力人或者限制民事行为能力人的,可以由其监护人指定受益人。

第四十条 被保险人或者投保人可以指定一人或者数人为受益人。

受益人为数人的,被保险人或者投保人可以确定受益顺序和受益份额;未确定受益份额的,受益人按照相等份额享有受益权。

第四十一条 被保险人或者投保人可以变更受益人并书面通知保险人。保险人收到变更受益人的书面通知后,应当在保险单或者其他保险凭证上批注或者附贴批单。

投保人变更受益人时须经被保险人同意。

第四十二条 被保险人死亡后,有下列情形之一的,保险金作为被保险人的遗产,由保险人依照《中华人民共和国继承法》的规定履行给付保险金的义务:

(一)没有指定受益人,或者受益人指定不明无法确定的;

(二)受益人先于被保险人死亡,没有其他受益人的;

(三)受益人依法丧失受益权或者放弃受益权,没有其他受益人的。

受益人与被保险人在同一事件中死亡,且不能确定死亡先后顺序的,推定受益人死亡在先。

第四十三条 投保人故意造成被保险人死亡、伤残或者疾病的，保险人不承担给付保险金的责任。投保人已交足二年以上保险费的，保险人应当按照合同约定向其他权利人退还保险单的现金价值。

受益人故意造成被保险人死亡、伤残、疾病的，或者故意杀害被保险人未遂的，该受益人丧失受益权。

第四十四条 以被保险人死亡为给付保险金条件的合同，自合同成立或者合同效力恢复之日起二年内，被保险人自杀的，保险人不承担给付保险金的责任，但被保险人自杀时为无民事行为能力人的除外。

保险人依照前款规定不承担给付保险金责任的，应当按照合同约定退还保险单的现金价值。

第四十五条 因被保险人故意犯罪或者抗拒依法采取的刑事强制措施导致其伤残或者死亡的，保险人不承担给付保险金的责任。投保人已交足二年以上保险费的，保险人应当按照合同约定退还保险单的现金价值。

第四十六条 被保险人因第三者的行为而发生死亡、伤残或者疾病等保险事故的，保险人向被保险人或者受益人给付保险金后，不享有向第三者追偿的权利，但被保险人或者受益人仍有权向第三者请求赔偿。

第四十七条 投保人解除合同的，保险人应当自收到解除合同通知之日起三十日内，按照合同约定退还保险单的现金价值。

第三节 财产保险合同

第四十八条 保险事故发生时，被保险人对保险标的不具有保险利益的，不得向保险人请求赔偿保险金。

第四十九条 保险标的转让的，保险标的的受让人承继被保险人的权利和义务。

保险标的转让的，被保险人或者受让人应当及时通知保险人，但货物运输保险合同和另有约定的合同除外。

因保险标的转让导致危险程度显著增加的，保险人自收到前款规定的通知之日起三十日内，可以按照合同约定增加保险费或者解除合同。保险人解除合同的，应当将已收取的保险费，按照合同约定扣除自保险责任开始之日起至合同解除之日止应收的部分后，退还投保人。

被保险人、受让人未履行本条第二款规定的通知义务的，因转让导致保险标的的危险程度显著增加而发生的保险事故，保险人不承担赔偿保险金的责任。

第五十条 货物运输保险合同和运输工具航程保险合同，保险责任开始后，合同当事人不得解除合同。

第五十一条 被保险人应当遵守国家有关消防、安全、生产操作、劳动保护等方面的规定，维护保险标的的安全。

保险人可以按照合同约定对保险标的的安全状况进行检查，及时向投保人、被保险人提出消除不安全因素和隐患的书面建议。

投保人、被保险人未按照约定履行其对保险标的的安全应尽责任的，保险人有权要求增加保险费或者解除合同。

保险人为维护保险标的的安全，经被保险人同意，可以采取安全预防措施。

第五十二条 在合同有效期内，保险标的的危险程度显著增加的，被保险人应当按照合同约定及时通知保险人，保险人可以按照合同约定增加保险费或者解除合同。保险人解除合同的，应当将已收取的保险费，按照合同约定扣除自保险责任开始之日起至合同解除之日止应收的部分后，退还投保人。

被保险人未履行前款规定的通知义务的，因保险标的的危险程度显著增加而发生的保险事故，保险人不承担赔偿保险金的责任。

第五十三条 有下列情形之一的，除合同另有约定外，保险人

应当降低保险费,并按日计算退还相应的保险费:

(一)据以确定保险费率的有关情况发生变化,保险标的的危险程度明显减少的;

(二)保险标的的保险价值明显减少的。

第五十四条 保险责任开始前,投保人要求解除合同的,应当按照合同约定向保险人支付手续费,保险人应当退还保险费。保险责任开始后,投保人要求解除合同的,保险人应当将已收取的保险费,按照合同约定扣除自保险责任开始之日起至合同解除之日止应收的部分后,退还投保人。

第五十五条 投保人和保险人约定保险标的的保险价值并在合同中载明的,保险标的发生损失时,以约定的保险价值为赔偿计算标准。

投保人和保险人未约定保险标的的保险价值的,保险标的发生损失时,以保险事故发生时保险标的的实际价值为赔偿计算标准。

保险金额不得超过保险价值。超过保险价值的,超过部分无效,保险人应当退还相应的保险费。

保险金额低于保险价值的,除合同另有约定外,保险人按照保险金额与保险价值的比例承担赔偿保险金的责任。

第五十六条 重复保险的投保人应当将重复保险的有关情况通知各保险人。

重复保险的各保险人赔偿保险金的总和不得超过保险价值。除合同另有约定外,各保险人按照其保险金额与保险金额总和的比例承担赔偿保险金的责任。

重复保险的投保人可以就保险金额总和超过保险价值的部分,请求各保险人按比例返还保险费。

重复保险是指投保人对同一保险标的、同一保险利益、同一保险事故分别与两个以上保险人订立保险合同,且保险金额总和超过保险价值的保险。

　　第五十七条　保险事故发生时，被保险人应当尽力采取必要的措施，防止或者减少损失。

　　保险事故发生后，被保险人为防止或者减少保险标的的损失所支付的必要的、合理的费用，由保险人承担；保险人所承担的费用数额在保险标的损失赔偿金额以外另行计算，最高不超过保险金额的数额。

　　第五十八条　保险标的发生部分损失的，自保险人赔偿之日起三十日内，投保人可以解除合同；除合同另有约定外，保险人也可以解除合同，但应当提前十五日通知投保人。

　　合同解除的，保险人应当将保险标的未受损失部分的保险费，按照合同约定扣除自保险责任开始之日起至合同解除之日止应收的部分后，退还投保人。

　　第五十九条　保险事故发生后，保险人已支付了全部保险金额，并且保险金额等于保险价值的，受损保险标的的全部权利归于保险人；保险金额低于保险价值的，保险人按照保险金额与保险价值的比例取得受损保险标的的部分权利。

　　第六十条　因第三者对保险标的的损害而造成保险事故的，保险人自向被保险人赔偿保险金之日起，在赔偿金额范围内代位行使被保险人对第三者请求赔偿的权利。

　　前款规定的保险事故发生后，被保险人已经从第三者取得损害赔偿的，保险人赔偿保险金时，可以相应扣减被保险人从第三者已取得的赔偿金额。

　　保险人依照本条第一款规定行使代位请求赔偿的权利，不影响被保险人就未取得赔偿的部分向第三者请求赔偿的权利。

　　第六十一条　保险事故发生后，保险人未赔偿保险金之前，被保险人放弃对第三者请求赔偿的权利的，保险人不承担赔偿保险金的责任。

保险人向被保险人赔偿保险金后，被保险人未经保险人同意放弃对第三者请求赔偿的权利的，该行为无效。

被保险人故意或者因重大过失致使保险人不能行使代位请求赔偿的权利的，保险人可以扣减或者要求返还相应的保险金。

第六十二条　除被保险人的家庭成员或者其组成人员故意造成本法第六十条第一款规定的保险事故外，保险人不得对被保险人的家庭成员或者其组成人员行使代位请求赔偿的权利。

第六十三条　保险人向第三者行使代位请求赔偿的权利时，被保险人应当向保险人提供必要的文件和所知道的有关情况。

第六十四条　保险人、被保险人为查明和确定保险事故的性质、原因和保险标的的损失程度所支付的必要的、合理的费用，由保险人承担。

第六十五条　保险人对责任保险的被保险人给第三者造成的损害，可以依照法律的规定或者合同的约定，直接向该第三者赔偿保险金。

责任保险的被保险人给第三者造成损害，被保险人对第三者应负的赔偿责任确定的，根据被保险人的请求，保险人应当直接向该第三者赔偿保险金。被保险人怠于请求的，第三者有权就其应获赔偿部分直接向保险人请求赔偿保险金。

责任保险的被保险人给第三者造成损害，被保险人未向该第三者赔偿的，保险人不得向被保险人赔偿保险金。

责任保险是指以被保险人对第三者依法应负的赔偿责任为保险标的的保险。

第六十六条　责任保险的被保险人因给第三者造成损害的保险事故而被提起仲裁或者诉讼的，被保险人支付的仲裁或者诉讼费用以及其他必要的、合理的费用，除合同另有约定外，由保险人承担。

第三章　保险公司

第六十七条　设立保险公司应当经国务院保险监督管理机构批准。

国务院保险监督管理机构审查保险公司的设立申请时，应当考虑保险业的发展和公平竞争的需要。

第六十八条　设立保险公司应当具备下列条件：

（一）主要股东具有持续盈利能力，信誉良好，最近三年内无重大违法违规记录，净资产不低于人民币二亿元；

（二）有符合本法和《中华人民共和国公司法》规定的章程；

（三）有符合本法规定的注册资本；

（四）有具备任职专业知识和业务工作经验的董事、监事和高级管理人员；

（五）有健全的组织机构和管理制度；

（六）有符合要求的营业场所和与经营业务有关的其他设施；

（七）法律、行政法规和国务院保险监督管理机构规定的其他条件。

第六十九条　设立保险公司，其注册资本的最低限额为人民币二亿元。

国务院保险监督管理机构根据保险公司的业务范围、经营规模，可以调整其注册资本的最低限额，但不得低于本条第一款规定的限额。

保险公司的注册资本必须为实缴货币资本。

第七十条　申请设立保险公司，应当向国务院保险监督管理机构提出书面申请，并提交下列材料：

（一）设立申请书，申请书应当载明拟设立的保险公司的名称、注册资本、业务范围等；

（二）可行性研究报告；

（三）筹建方案；

（四）投资人的营业执照或者其他背景资料，经会计师事务所审计的上一年度财务会计报告；

（五）投资人认可的筹备组负责人和拟任董事长、经理名单及本人认可证明；

（六）国务院保险监督管理机构规定的其他材料。

第七十一条　国务院保险监督管理机构应当对设立保险公司的申请进行审查，自受理之日起六个月内作出批准或者不批准筹建的决定，并书面通知申请人。决定不批准的，应当书面说明理由。

第七十二条　申请人应当自收到批准筹建通知之日起一年内完成筹建工作；筹建期间不得从事保险经营活动。

第七十三条　筹建工作完成后，申请人具备本法第六十八条规定的设立条件的，可以向国务院保险监督管理机构提出开业申请。

国务院保险监督管理机构应当自受理开业申请之日起六十日内，作出批准或者不批准开业的决定。决定批准的，颁发经营保险业务许可证；决定不批准的，应当书面通知申请人并说明理由。

第七十四条　保险公司在中华人民共和国境内设立分支机构，应当经保险监督管理机构批准。

保险公司分支机构不具有法人资格，其民事责任由保险公司承担。

第七十五条　保险公司申请设立分支机构，应当向保险监督管理机构提出书面申请，并提交下列材料：

（一）设立申请书；

（二）拟设机构三年业务发展规划和市场分析材料；

（三）拟任高级管理人员的简历及相关证明材料；

（四）国务院保险监督管理机构规定的其他材料。

第七十六条　保险监督管理机构应当对保险公司设立分支机构

的申请进行审查,自受理之日起六十日内作出批准或者不批准的决定。决定批准的,颁发分支机构经营保险业务许可证;决定不批准的,应当书面通知申请人并说明理由。

第七十七条 经批准设立的保险公司及其分支机构,凭经营保险业务许可证向工商行政管理机关办理登记,领取营业执照。

第七十八条 保险公司及其分支机构自取得经营保险业务许可证之日起六个月内,无正当理由未向工商行政管理机关办理登记的,其经营保险业务许可证失效。

第七十九条 保险公司在中华人民共和国境外设立子公司、分支机构,应当经国务院保险监督管理机构批准。

第八十条 外国保险机构在中华人民共和国境内设立代表机构,应当经国务院保险监督管理机构批准。代表机构不得从事保险经营活动。

第八十一条 保险公司的董事、监事和高级管理人员,应当品行良好,熟悉与保险相关的法律、行政法规,具有履行职责所需的经营管理能力,并在任职前取得保险监督管理机构核准的任职资格。

保险公司高级管理人员的范围由国务院保险监督管理机构规定。

第八十二条 有《中华人民共和国公司法》第一百四十六条规定的情形或者下列情形之一的,不得担任保险公司的董事、监事、高级管理人员:

(一)因违法行为或者违纪行为被金融监督管理机构取消任职资格的金融机构的董事、监事、高级管理人员,自被取消任职资格之日起未逾五年的;

(二)因违法行为或者违纪行为被吊销执业资格的律师、注册会计师或者资产评估机构、验证机构等机构的专业人员,自被吊销执业资格之日起未逾五年的。

第八十三条 保险公司的董事、监事、高级管理人员执行公司职务时违反法律、行政法规或者公司章程的规定，给公司造成损失的，应当承担赔偿责任。

第八十四条 保险公司有下列情形之一的，应当经保险监督管理机构批准：

（一）变更名称；

（二）变更注册资本；

（三）变更公司或者分支机构的营业场所；

（四）撤销分支机构；

（五）公司分立或者合并；

（六）修改公司章程；

（七）变更出资额占有限责任公司资本总额百分之五以上的股东，或者变更持有股份有限公司股份百分之五以上的股东；

（八）国务院保险监督管理机构规定的其他情形。

第八十五条 保险公司应当聘用专业人员，建立精算报告制度和合规报告制度。

第八十六条 保险公司应当按照保险监督管理机构的规定，报送有关报告、报表、文件和资料。

保险公司的偿付能力报告、财务会计报告、精算报告、合规报告及其他有关报告、报表、文件和资料必须如实记录保险业务事项，不得有虚假记载、误导性陈述和重大遗漏。

第八十七条 保险公司应当按照国务院保险监督管理机构的规定妥善保管业务经营活动的完整账簿、原始凭证和有关资料。

前款规定的账簿、原始凭证和有关资料的保管期限，自保险合同终止之日起计算，保险期间在一年以下的不得少于五年，保险期间超过一年的不得少于十年。

第八十八条 保险公司聘请或者解聘会计师事务所、资产评估机构、资信评级机构等中介服务机构，应当向保险监督管理机构报告；解聘会计师事务所、资产评估机构、资信评级机构等中介服务机构，应当说明理由。

第八十九条 保险公司因分立、合并需要解散，或者股东会、股东大会决议解散，或者公司章程规定的解散事由出现，经国务院保险监督管理机构批准后解散。

经营有人寿保险业务的保险公司，除因分立、合并或者被依法撤销外，不得解散。

保险公司解散，应当依法成立清算组进行清算。

第九十条 保险公司有《中华人民共和国企业破产法》第二条规定情形的，经国务院保险监督管理机构同意，保险公司或者其债权人可以依法向人民法院申请重整、和解或者破产清算；国务院保险监督管理机构也可以依法向人民法院申请对该保险公司进行重整或者破产清算。

第九十一条 破产财产在优先清偿破产费用和共益债务后，按照下列顺序清偿：

（一）所欠职工工资和医疗、伤残补助、抚恤费用，所欠应当划入职工个人账户的基本养老保险、基本医疗保险费用，以及法律、行政法规规定应当支付给职工的补偿金；

（二）赔偿或者给付保险金；

（三）保险公司欠缴的除第（一）项规定以外的社会保险费用和所欠税款；

（四）普通破产债权。

破产财产不足以清偿同一顺序的清偿要求的，按照比例分配。

破产保险公司的董事、监事和高级管理人员的工资，按照该公司职工的平均工资计算。

第九十二条 经营有人寿保险业务的保险公司被依法撤销或者被依法宣告破产的，其持有的人寿保险合同及责任准备金，必须转让给其他经营有人寿保险业务的保险公司；不能同其他保险公司达成转让协议的,由国务院保险监督管理机构指定经营有人寿保险业务的保险公司接受转让。

转让或者由国务院保险监督管理机构指定接受转让前款规定的人寿保险合同及责任准备金的,应当维护被保险人、受益人的合法权益。

第九十三条 保险公司依法终止其业务活动,应当注销其经营保险业务许可证。

第九十四条 保险公司,除本法另有规定外,适用《中华人民共和国公司法》的规定。

第四章 保险经营规则

第九十五条 保险公司的业务范围:

(一) 人身保险业务,包括人寿保险、健康保险、意外伤害保险等保险业务;

(二) 财产保险业务,包括财产损失保险、责任保险、信用保险、保证保险等保险业务;

(三) 国务院保险监督管理机构批准的与保险有关的其他业务。

保险人不得兼营人身保险业务和财产保险业务。但是,经营财产保险业务的保险公司经国务院保险监督管理机构批准,可以经营短期健康保险业务和意外伤害保险业务。

保险公司应当在国务院保险监督管理机构依法批准的业务范围内从事保险经营活动。

第九十六条 经国务院保险监督管理机构批准,保险公司可以经营本法第九十五条规定的保险业务的下列再保险业务:

(一) 分出保险;

(二) 分入保险。

第九十七条 保险公司应当按照其注册资本总额的百分之二十

提取保证金，存入国务院保险监督管理机构指定的银行，除公司清算时用于清偿债务外，不得动用。

第九十八条 保险公司应当根据保障被保险人利益、保证偿付能力的原则，提取各项责任准备金。

保险公司提取和结转责任准备金的具体办法，由国务院保险监督管理机构制定。

第九十九条 保险公司应当依法提取公积金。

第一百条 保险公司应当缴纳保险保障基金。

保险保障基金应当集中管理，并在下列情形下统筹使用：

（一）在保险公司被撤销或者被宣告破产时，向投保人、被保险人或者受益人提供救济；

（二）在保险公司被撤销或者被宣告破产时，向依法接受其人寿保险合同的保险公司提供救济；

（三）国务院规定的其他情形。

保险保障基金筹集、管理和使用的具体办法，由国务院制定。

第一百零一条 保险公司应当具有与其业务规模和风险程度相适应的最低偿付能力。保险公司的认可资产减去认可负债的差额不得低于国务院保险监督管理机构规定的数额；低于规定数额的，应当按照国务院保险监督管理机构的要求采取相应措施达到规定的数额。

第一百零二条 经营财产保险业务的保险公司当年自留保险费，不得超过其实有资本金加公积金总和的四倍。

第一百零三条 保险公司对每一危险单位，即对一次保险事故可能造成的最大损失范围所承担的责任，不得超过其实有资本金加公积金总和的百分之十；超过的部分应当办理再保险。

保险公司对危险单位的划分应当符合国务院保险监督管理机构的规定。

第一百零四条 保险公司对危险单位的划分方法和巨灾风险安

排方案,应当报国务院保险监督管理机构备案。

第一百零五条 保险公司应当按照国务院保险监督管理机构的规定办理再保险,并审慎选择再保险接受人。

第一百零六条 保险公司的资金运用必须稳健,遵循安全性原则。

保险公司的资金运用限于下列形式:

(一)银行存款;

(二)买卖债券、股票、证券投资基金份额等有价证券;

(三)投资不动产;

(四)国务院规定的其他资金运用形式。

保险公司资金运用的具体管理办法,由国务院保险监督管理机构依照前两款的规定制定。

第一百零七条 经国务院保险监督管理机构会同国务院证券监督管理机构批准,保险公司可以设立保险资产管理公司。

保险资产管理公司从事证券投资活动,应当遵守《中华人民共和国证券法》等法律、行政法规的规定。

保险资产管理公司的管理办法,由国务院保险监督管理机构会同国务院有关部门制定。

第一百零八条 保险公司应当按照国务院保险监督管理机构的规定,建立对关联交易的管理和信息披露制度。

第一百零九条 保险公司的控股股东、实际控制人、董事、监事、高级管理人员不得利用关联交易损害公司的利益。

第一百一十条 保险公司应当按照国务院保险监督管理机构的规定,真实、准确、完整地披露财务会计报告、风险管理状况、保险产品经营情况等重大事项。

第一百一十一条 保险公司从事保险销售的人员应当品行良好,具有保险销售所需的专业能力。保险销售人员的行为规范和管理办法,由国务院保险监督管理机构规定。

第一百一十二条　保险公司应当建立保险代理人登记管理制度，加强对保险代理人的培训和管理，不得唆使、诱导保险代理人进行违背诚信义务的活动。

第一百一十三条　保险公司及其分支机构应当依法使用经营保险业务许可证，不得转让、出租、出借经营保险业务许可证。

第一百一十四条　保险公司应当按照国务院保险监督管理机构的规定，公平、合理拟订保险条款和保险费率，不得损害投保人、被保险人和受益人的合法权益。

保险公司应当按照合同约定和本法规定，及时履行赔偿或者给付保险金义务。

第一百一十五条　保险公司开展业务，应当遵循公平竞争的原则，不得从事不正当竞争。

第一百一十六条　保险公司及其工作人员在保险业务活动中不得有下列行为：

（一）欺骗投保人、被保险人或者受益人；

（二）对投保人隐瞒与保险合同有关的重要情况；

（三）阻碍投保人履行本法规定的如实告知义务，或者诱导其不履行本法规定的如实告知义务；

（四）给予或者承诺给予投保人、被保险人、受益人保险合同约定以外的保险费回扣或者其他利益；

（五）拒不依法履行保险合同约定的赔偿或者给付保险金义务；

（六）故意编造未曾发生的保险事故、虚构保险合同或者故意夸大已经发生的保险事故的损失程度进行虚假理赔，骗取保险金或者牟取其他不正当利益；

（七）挪用、截留、侵占保险费；

（八）委托未取得合法资格的机构从事保险销售活动；

（九）利用开展保险业务为其他机构或者个人牟取不正当利益；

（十）利用保险代理人、保险经纪人或者保险评估机构，从事以虚构保险中介业务或者编造退保等方式套取费用等违法活动；

（十一）以捏造、散布虚假事实等方式损害竞争对手的商业信誉，或者以其他不正当竞争行为扰乱保险市场秩序；

（十二）泄露在业务活动中知悉的投保人、被保险人的商业秘密；

（十三）违反法律、行政法规和国务院保险监督管理机构规定的其他行为。

第五章 保险代理人和保险经纪人

第一百一十七条 保险代理人是根据保险人的委托，向保险人收取佣金，并在保险人授权的范围内代为办理保险业务的机构或者个人。

保险代理机构包括专门从事保险代理业务的保险专业代理机构和兼营保险代理业务的保险兼业代理机构。

第一百一十八条 保险经纪人是基于投保人的利益，为投保人与保险人订立保险合同提供中介服务，并依法收取佣金的机构。

第一百一十九条 保险代理机构、保险经纪人应当具备国务院保险监督管理机构规定的条件，取得保险监督管理机构颁发的经营保险代理业务许可证、保险经纪业务许可证。

第一百二十条 以公司形式设立保险专业代理机构、保险经纪人，其注册资本最低限额适用《中华人民共和国公司法》的规定。

国务院保险监督管理机构根据保险专业代理机构、保险经纪人的业务范围和经营规模，可以调整其注册资本的最低限额，但不得低于《中华人民共和国公司法》规定的限额。

保险专业代理机构、保险经纪人的注册资本或者出资额必须为实缴货币资本。

第一百二十一条 保险专业代理机构、保险经纪人的高级管理人员，应当品行良好，熟悉保险法律、行政法规，具有履行职责所需的经营管理能力，并在任职前取得保险监督管理机构核准的任职资格。

第一百二十二条　个人保险代理人、保险代理机构的代理从业人员、保险经纪人的经纪从业人员，应当品行良好，具有从事保险代理业务或者保险经纪业务所需的专业能力。

第一百二十三条　保险代理机构、保险经纪人应当有自己的经营场所，设立专门账簿记载保险代理业务、经纪业务的收支情况。

第一百二十四条　保险代理机构、保险经纪人应当按照国务院保险监督管理机构的规定缴存保证金或者投保职业责任保险。

第一百二十五条　个人保险代理人在代为办理人寿保险业务时，不得同时接受两个以上保险人的委托。

第一百二十六条　保险人委托保险代理人代为办理保险业务，应当与保险代理人签订委托代理协议，依法约定双方的权利和义务。

第一百二十七条　保险代理人根据保险人的授权代为办理保险业务的行为，由保险人承担责任。

保险代理人没有代理权、超越代理权或者代理权终止后以保险人名义订立合同，使投保人有理由相信其有代理权的，该代理行为有效。保险人可以依法追究越权的保险代理人的责任。

第一百二十八条　保险经纪人因过错给投保人、被保险人造成损失的，依法承担赔偿责任。

第一百二十九条　保险活动当事人可以委托保险公估机构等依法设立的独立评估机构或者具有相关专业知识的人员，对保险事故进行评估和鉴定。

接受委托对保险事故进行评估和鉴定的机构和人员，应当依法、独立、客观、公正地进行评估和鉴定，任何单位和个人不得干涉。

前款规定的机构和人员，因故意或者过失给保险人或者被保险人造成损失的，依法承担赔偿责任。

第一百三十条 保险佣金只限于向保险代理人、保险经纪人支付，不得向其他人支付。

第一百三十一条 保险代理人、保险经纪人及其从业人员在办理保险业务活动中不得有下列行为：

（一）欺骗保险人、投保人、被保险人或者受益人；

（二）隐瞒与保险合同有关的重要情况；

（三）阻碍投保人履行本法规定的如实告知义务，或者诱导其不履行本法规定的如实告知义务；

（四）给予或者承诺给予投保人、被保险人或者受益人保险合同约定以外的利益；

（五）利用行政权力、职务或者职业便利以及其他不正当手段强迫、引诱或者限制投保人订立保险合同；

（六）伪造、擅自变更保险合同，或者为保险合同当事人提供虚假证明材料；

（七）挪用、截留、侵占保险费或者保险金；

（八）利用业务便利为其他机构或者个人牟取不正当利益；

（九）串通投保人、被保险人或者受益人，骗取保险金；

（十）泄露在业务活动中知悉的保险人、投保人、被保险人的商业秘密。

第一百三十二条 本法第八十六条第一款、第一百一十三条的规定，适用于保险代理机构和保险经纪人。

第六章 保险业监督管理

第一百三十三条 保险监督管理机构依照本法和国务院规定的职责，遵循依法、公开、公正的原则，对保险业实施监督管理，维护保险市场秩序，保护投保人、被保险人和受益人的合法权益。

第一百三十四条　国务院保险监督管理机构依照法律、行政法规制定并发布有关保险业监督管理的规章。

第一百三十五条　关系社会公众利益的保险险种、依法实行强制保险的险种和新开发的人寿保险险种等的保险条款和保险费率，应当报国务院保险监督管理机构批准。国务院保险监督管理机构审批时，应当遵循保护社会公众利益和防止不正当竞争的原则。其他保险险种的保险条款和保险费率，应当报保险监督管理机构备案。

保险条款和保险费率审批、备案的具体办法，由国务院保险监督管理机构依照前款规定制定。

第一百三十六条　保险公司使用的保险条款和保险费率违反法律、行政法规或者国务院保险监督管理机构的有关规定的，由保险监督管理机构责令停止使用，限期修改；情节严重的，可以在一定期限内禁止申报新的保险条款和保险费率。

第一百三十七条　国务院保险监督管理机构应当建立健全保险公司偿付能力监管体系，对保险公司的偿付能力实施监控。

第一百三十八条　对偿付能力不足的保险公司，国务院保险监督管理机构应当将其列为重点监管对象，并可以根据具体情况采取下列措施：

（一）责令增加资本金、办理再保险；

（二）限制业务范围；

（三）限制向股东分红；

（四）限制固定资产购置或者经营费用规模；

（五）限制资金运用的形式、比例；

（六）限制增设分支机构；

（七）责令拍卖不良资产、转让保险业务；

（八）限制董事、监事、高级管理人员的薪酬水平；

（九）限制商业性广告；

（十）责令停止接受新业务。

第一百三十九条 保险公司未依照本法规定提取或者结转各项责任准备金，或者未依照本法规定办理再保险，或者严重违反本法关于资金运用的规定的，由保险监督管理机构责令限期改正，并可以责令调整负责人及有关管理人员。

第一百四十条 保险监督管理机构依照本法第一百三十九条的规定作出限期改正的决定后，保险公司逾期未改正的，国务院保险监督管理机构可以决定选派保险专业人员和指定该保险公司的有关人员组成整顿组，对公司进行整顿。

整顿决定应当载明被整顿公司的名称、整顿理由、整顿组成员和整顿期限，并予以公告。

第一百四十一条 整顿组有权监督被整顿保险公司的日常业务。被整顿公司的负责人及有关管理人员应当在整顿组的监督下行使职权。

第一百四十二条 整顿过程中，被整顿保险公司的原有业务继续进行。但是，国务院保险监督管理机构可以责令被整顿公司停止部分原有业务、停止接受新业务，调整资金运用。

第一百四十三条 被整顿保险公司经整顿已纠正其违反本法规定的行为，恢复正常经营状况的，由整顿组提出报告，经国务院保险监督管理机构批准，结束整顿，并由国务院保险监督管理机构予以公告。

第一百四十四条 保险公司有下列情形之一的，国务院保险监督管理机构可以对其实行接管：

（一）公司的偿付能力严重不足的；

（二）违反本法规定，损害社会公共利益，可能严重危及或者已经严重危及公司的偿付能力的。

被接管的保险公司的债权债务关系不因接管而变化。

第一百四十五条 接管组的组成和接管的实施办法,由国务院保险监督管理机构决定,并予以公告。

第一百四十六条 接管期限届满,国务院保险监督管理机构可以决定延长接管期限,但接管期限最长不得超过二年。

第一百四十七条 接管期限届满,被接管的保险公司已恢复正常经营能力的,由国务院保险监督管理机构决定终止接管,并予以公告。

第一百四十八条 被整顿、被接管的保险公司有《中华人民共和国企业破产法》第二条规定情形的,国务院保险监督管理机构可以依法向人民法院申请对该保险公司进行重整或者破产清算。

第一百四十九条 保险公司因违法经营被依法吊销经营保险业务许可证的,或者偿付能力低于国务院保险监督管理机构规定标准,不予撤销将严重危害保险市场秩序、损害公共利益的,由国务院保险监督管理机构予以撤销并公告,依法及时组织清算组进行清算。

第一百五十条 国务院保险监督管理机构有权要求保险公司股东、实际控制人在指定的期限内提供有关信息和资料。

第一百五十一条 保险公司的股东利用关联交易严重损害公司利益,危及公司偿付能力的,由国务院保险监督管理机构责令改正。在按照要求改正前,国务院保险监督管理机构可以限制其股东权利;拒不改正的,可以责令其转让所持的保险公司股权。

第一百五十二条 保险监督管理机构根据履行监督管理职责的需要,可以与保险公司董事、监事和高级管理人员进行监督管理谈话,要求其就公司的业务活动和风险管理的重大事项作出说明。

第一百五十三条 保险公司在整顿、接管、撤销清算期间,或者出现重大风险时,国务院保险监督管理机构可以对该公司直接负责的董事、监事、高级管理人员和其他直接责任人员采取以下措施:

（一）通知出境管理机关依法阻止其出境；

（二）申请司法机关禁止其转移、转让或者以其他方式处分财产，或者在财产上设定其他权利。

第一百五十四条 保险监督管理机构依法履行职责，可以采取下列措施：

（一）对保险公司、保险代理人、保险经纪人、保险资产管理公司、外国保险机构的代表机构进行现场检查；

（二）进入涉嫌违法行为发生场所调查取证；

（三）询问当事人及与被调查事件有关的单位和个人，要求其对与被调查事件有关的事项作出说明；

（四）查阅、复制与被调查事件有关的财产权登记等资料；

（五）查阅、复制保险公司、保险代理人、保险经纪人、保险资产管理公司、外国保险机构的代表机构以及与被调查事件有关的单位和个人的财务会计资料及其他相关文件和资料；对可能被转移、隐匿或者毁损的文件和资料予以封存；

（六）查询涉嫌违法经营的保险公司、保险代理人、保险经纪人、保险资产管理公司、外国保险机构的代表机构以及与涉嫌违法事项有关的单位和个人的银行账户；

（七）对有证据证明已经或者可能转移、隐匿违法资金等涉案财产或者隐匿、伪造、毁损重要证据的，经保险监督管理机构主要负责人批准，申请人民法院予以冻结或者查封。

保险监督管理机构采取前款第（一）项、第（二）项、第（五）项措施的，应当经保险监督管理机构负责人批准；采取第（六）项措施的，应当经国务院保险监督管理机构负责人批准。

保险监督管理机构依法进行监督检查或者调查，其监督检查、调查的人员不得少于二人，并应当出示合法证件和监督检查、调查通知书；监督检查、调查的人员少于二人或者未出示合法证件和监督检查、调查通知书的，被检查、调查的单位和个人有权拒绝。

第一百五十五条 保险监督管理机构依法履行职责，被检查、调查的单位和个人应当配合。

第一百五十六条 保险监督管理机构工作人员应当忠于职守，依法办事，公正廉洁，不得利用职务便利牟取不正当利益，不得泄露所知悉的有关单位和个人的商业秘密。

第一百五十七条 国务院保险监督管理机构应当与中国人民银行、国务院其他金融监督管理机构建立监督管理信息共享机制。

保险监督管理机构依法履行职责，进行监督检查、调查时，有关部门应当予以配合。

第七章　法律责任

第一百五十八条 违反本法规定，擅自设立保险公司、保险资产管理公司或者非法经营商业保险业务的，由保险监督管理机构予以取缔，没收违法所得，并处违法所得一倍以上五倍以下的罚款；没有违法所得或者违法所得不足二十万元的，处二十万元以上一百万元以下的罚款。

第一百五十九条 违反本法规定，擅自设立保险专业代理机构、保险经纪人，或者未取得经营保险代理业务许可证、保险经纪业务许可证从事保险代理业务、保险经纪业务的，由保险监督管理机构予以取缔，没收违法所得，并处违法所得一倍以上五倍以下的罚款；没有违法所得或者违法所得不足五万元的，处五万元以上三十万元以下的罚款。

第一百六十条 保险公司违反本法规定，超出批准的业务范围经营的，由保险监督管理机构责令限期改正，没收违法所得，并处违法所得一倍以上五倍以下的罚款；没有违法所得或者违法所得不足十万元的，处十万元以上五十万元以下的罚款。逾期不改正或者造成严重后果的,责令停业整顿或者吊销业务许可证。

第一百六十一条 保险公司有本法第一百一十六条规定行为之一的,由保险监督管理机构责令改正,处五万元以上三十万元以下的罚款;情节严重的,限制其业务范围、责令停止接受新业务或者吊销业务许可证。

第一百六十二条 保险公司违反本法第八十四条规定的,由保险监督管理机构责令改正,处一万元以上十万元以下的罚款。

第一百六十三条 保险公司违反本法规定,有下列行为之一的,由保险监督管理机构责令改正,处五万元以上三十万元以下的罚款:

(一) 超额承保,情节严重的;

(二) 为无民事行为能力人承保以死亡为给付保险金条件的保险的。

第一百六十四条 违反本法规定,有下列行为之一的,由保险监督管理机构责令改正,处五万元以上三十万元以下的罚款;情节严重的,可以限制其业务范围、责令停止接受新业务或者吊销业务许可证:

(一) 未按照规定提存保证金或者违反规定动用保证金的;

(二) 未按照规定提取或者结转各项责任准备金的;

(三) 未按照规定缴纳保险保障基金或者提取公积金的;

(四) 未按照规定办理再保险的;

(五) 未按照规定运用保险公司资金的;

(六) 未经批准设立分支机构的;

(七) 未按照规定申请批准保险条款、保险费率的。

第一百六十五条 保险代理机构、保险经纪人有本法第一百三十一条规定行为之一的,由保险监督管理机构责令改正,处五万元以上三十万元以下的罚款;情节严重的,吊销业务许可证。

第一百六十六条 保险代理机构、保险经纪人违反本法规定,有下列行为之一的,由保险监督管理机构责令改正,处二万元以上十万元以下的罚款;情节严重的,责令停业整顿或者吊销业务许可证:

(一)未按照规定缴存保证金或者投保职业责任保险的;

(二)未按照规定设立专门账簿记载业务收支情况的。

第一百六十七条 违反本法规定,聘任不具有任职资格的人员的,由保险监督管理机构责令改正,处二万元以上十万元以下的罚款。

第一百六十八条 违反本法规定,转让、出租、出借业务许可证的,由保险监督管理机构处一万元以上十万元以下的罚款;情节严重的,责令停业整顿或者吊销业务许可证。

第一百六十九条 违反本法规定,有下列行为之一的,由保险监督管理机构责令限期改正;逾期不改正的,处一万元以上十万元以下的罚款:

(一)未按照规定报送或者保管报告、报表、文件、资料的,或者未按照规定提供有关信息、资料的;

(二)未按照规定报送保险条款、保险费率备案的;

(三)未按照规定披露信息的。

第一百七十条 违反本法规定,有下列行为之一的,由保险监督管理机构责令改正,处十万元以上五十万元以下的罚款;情节严重的,可以限制其业务范围、责令停止接受新业务或者吊销业务许可证:

(一)编制或者提供虚假的报告、报表、文件、资料的;

(二)拒绝或者妨碍依法监督检查的;

(三)未按照规定使用经批准或者备案的保险条款、保险费率的。

第一百七十一条 保险公司、保险资产管理公司、保险专业代理机构、保险经纪人违反本法规定的,保险监督管理机构除分别依照本法第一百六十条至第一百七十条的规定对该单位给予处罚外，对其直接负责的主管人员和其他直接责任人员给予警告，并处一万元以上十万元以下的罚款；情节严重的，撤销任职资格。

第一百七十二条　个人保险代理人违反本法规定的，由保险监督管理机构给予警告，可以并处二万元以下的罚款；情节严重的，处二万元以上十万元以下的罚款。

第一百七十三条　外国保险机构未经国务院保险监督管理机构批准，擅自在中华人民共和国境内设立代表机构的，由国务院保险监督管理机构予以取缔，处五万元以上三十万元以下的罚款。

外国保险机构在中华人民共和国境内设立的代表机构从事保险经营活动的，由保险监督管理机构责令改正，没收违法所得，并处违法所得一倍以上五倍以下的罚款；没有违法所得或者违法所得不足二十万元的，处二十万元以上一百万元以下的罚款；对其首席代表可以责令撤换；情节严重的，撤销其代表机构。

第一百七十四条　投保人、被保险人或者受益人有下列行为之一，进行保险诈骗活动，尚不构成犯罪的，依法给予行政处罚：

（一）投保人故意虚构保险标的，骗取保险金的；

（二）编造未曾发生的保险事故，或者编造虚假的事故原因或者夸大损失程度，骗取保险金的；

（三）故意造成保险事故，骗取保险金的。

保险事故的鉴定人、评估人、证明人故意提供虚假的证明文件，为投保人、被保险人或者受益人进行保险诈骗提供条件的，依照前款规定给予处罚。

第一百七十五条　违反本法规定，给他人造成损害的，依法承担民事责任。

第一百七十六条　拒绝、阻碍保险监督管理机构及其工作人员依法行使监督检查、调查职权，未使用暴力、威胁方法的，依法给予治安管理处罚。

第一百七十七条 违反法律、行政法规的规定，情节严重的，国务院保险监督管理机构可以禁止有关责任人员一定期限直至终身进入保险业。

第一百七十八条 保险监督管理机构从事监督管理工作的人员有下列情形之一的，依法给予处分：

（一）违反规定批准机构的设立的；

（二）违反规定进行保险条款、保险费率审批的；

（三）违反规定进行现场检查的；

（四）违反规定查询账户或者冻结资金的；

（五）泄露其知悉的有关单位和个人的商业秘密的；

（六）违反规定实施行政处罚的；

（七）滥用职权、玩忽职守的其他行为。

第一百七十九条 违反本法规定，构成犯罪的，依法追究刑事责任。

第八章　附　则

第一百八十条 保险公司应当加入保险行业协会。保险代理人、保险经纪人、保险公估机构可以加入保险行业协会。

保险行业协会是保险业的自律性组织，是社会团体法人。

第一百八十一条 保险公司以外的其他依法设立的保险组织经营的商业保险业务，适用本法。

第一百八十二条 海上保险适用《中华人民共和国海商法》的有关规定；《中华人民共和国海商法》未规定的，适用本法的有关规定。

第一百八十三条 中外合资保险公司、外资独资保险公司、外国保险公司分公司适用本法规定；法律、行政法规另有规定的，适用其规定。

第一百八十四条 国家支持发展为农业生产服务的保险事业。农业保险由法律、行政法规另行规定。

强制保险，法律、行政法规另有规定的，适用其规定。

第一百八十五条 本法自 2009 年 10 月 1 日起施行。

附　录

最高人民法院关于适用《中华人民共和国保险法》若干问题的解释（一）

法释〔2009〕12号

（2009年9月14日最高人民法院审判委员会第1473次会议通过）

为正确审理保险合同纠纷案件，切实维护当事人的合法权益，现就人民法院适用2009年2月28日第十一届全国人大常委会第七次会议修订的《中华人民共和国保险法》（以下简称保险法）的有关问题规定如下：

第一条　保险法施行后成立的保险合同发生的纠纷，适用保险法的规定。保险法施行前成立的保险合同发生的纠纷，除本解释另有规定外，适用当时的法律规定；当时的法律没有规定的，参照适用保险法的有关规定。

认定保险合同是否成立，适用合同订立时的法律。

第二条　对于保险法施行前成立的保险合同，适用当时的法律认定无效而适用保险法认定有效的，适用保险法的规定。

第三条　保险合同成立于保险法施行前而保险标的转让、保险事故、理赔、代位求偿等行为或事件，发生于保险法施行后的，适用保险法的规定。

第四条 保险合同成立于保险法施行前,保险法施行后,保险人以投保人未履行如实告知义务或者申报被保险人年龄不真实为由,主张解除合同的,适用保险法的规定。

第五条 保险法施行前成立的保险合同,下列情形下的期间自2009年10月1日起计算:

(一)保险法施行前,保险人收到赔偿或者给付保险金的请求,保险法施行后,适用保险法第二十三条规定的三十日的;

(二)保险法施行前,保险人知道解除事由,保险法施行后,按照保险法第十六条、第三十二条的规定行使解除权,适用保险法第十六条规定的三十日的;

(三)保险法施行后,保险人按照保险法第十六条第二款的规定请求解除合同,适用保险法第十六条规定的二年的;

(四)保险法施行前,保险人收到保险标的转让通知,保险法施行后,以保险标的转让导致危险程度显著增加为由请求按照合同约定增加保险费或者解除合同,适用保险法第四十九条规定的三十日的。

第六条 保险法施行前已经终审的案件,当事人申请再审或者按照审判监督程序提起再审的案件,不适用保险法的规定。

最高人民法院关于适用《中华人民共和国保险法》若干问题的解释（二）

法释〔2013〕14号

（2013年5月6日最高人民法院审判委员会第1577次会议通过）

为正确审理保险合同纠纷案件，切实维护当事人的合法权益，根据《中华人民共和国保险法》《中华人民共和国合同法》《中华人民共和国民事诉讼法》等法律规定，结合审判实践，就保险法中关于保险合同一般规定部分有关法律适用问题解释如下：

第一条 财产保险中，不同投保人就同一保险标的分别投保，保险事故发生后，被保险人在其保险利益范围内依据保险合同主张保险赔偿的，人民法院应予支持。

第二条 人身保险中，因投保人对被保险人不具有保险利益导致保险合同无效，投保人主张保险人退还扣减相应手续费后的保险费的，人民法院应予支持。

第三条 投保人或者投保人的代理人订立保险合同时没有亲自签字或者盖章，而由保险人或者保险人的代理人代为签字或者盖章的，对投保人不生效。但投保人已经交纳保险费的，视为其对代签字或者盖章行为的追认。

保险人或者保险人的代理人代为填写保险单证后经投保人签字或者盖章确认的，代为填写的内容视为投保人的真实意思表示。但有证据证明保险人或者保险人的代理人存在保险法第一百一十六条、第一百三十一条相关规定情形的除外。

第四条 保险人接受了投保人提交的投保单并收取了保险费，尚未作出是否承保的意思表示，发生保险事故，被保险人或者受益人请求保险人按照保险合同承担赔偿或者给付保险金责任，符合承保条件的，人民法院应予支持；不符合承保条件的，保险人不承担保险责任，但应当退还已经收取的保险费。

保险人主张不符合承保条件的，应承担举证责任。

第五条 保险合同订立时，投保人明知的与保险标的或者被保险人有关的情况，属于保险法第十六条第一款规定的投保人"应当如实告知"的内容。

第六条 投保人的告知义务限于保险人询问的范围和内容。当事人对询问范围及内容有争议的，保险人负举证责任。

保险人以投保人违反了对投保单询问表中所列概括性条款的如实告知义务为由请求解除合同的，人民法院不予支持。但该概括性条款有具体内容的除外。

第七条 保险人在保险合同成立后知道或者应当知道投保人未履行如实告知义务，仍然收取保险费，又依照保险法第十六条第二款的规定主张解除合同的，人民法院不予支持。

第八条 保险人未行使合同解除权，直接以存在保险法第十六条第四款、第五款规定的情形为由拒绝赔偿的，人民法院不予支持。但当事人就拒绝赔偿事宜及保险合同存续另行达成一致的情况除外。

第九条 保险人提供的格式合同文本中的责任免除条款、免赔额、免赔率、比例赔付或者给付等免除或者减轻保险人责任的条款，可以认定为保险法第十七条第二款规定的"免除保险人责任的条款"。

保险人因投保人、被保险人违反法定或者约定义务，享有解除合同权利的条款，不属于保险法第十七条第二款规定的"免除保险人责任的条款"。

第十条 保险人将法律、行政法规中的禁止性规定情形作为保险合同免责条款的免责事由，保险人对该条款作出提示后，投保人、被保险人或者受益人以保险人未履行明确说明义务为由主张该条款不生效的，人民法院不予支持。

第十一条 保险合同订立时，保险人在投保单或者保险单等其他保险凭证上，对保险合同中免除保险人责任的条款，以足以引起投保人注意的文字、字体、符号或者其他明显标志作出提示的，人民法院应当认定其履行了保险法第十七条第二款规定的提示义务。

保险人对保险合同中有关免除保险人责任条款的概念、内容及其法律后果以书面或者口头形式向投保人作出常人能够理解的解释说明的，人民法院应当认定保险人履行了保险法第十七条第二款规定的明确说明义务。

第十二条 通过网络、电话等方式订立的保险合同，保险人以网页、音频、视频等形式对免除保险人责任条款予以提示和明确说明的，人民法院可以认定其履行了提示和明确说明义务。

第十三条 保险人对其履行了明确说明义务负举证责任。

投保人对保险人履行了符合本解释第十一条第二款要求的明确说明义务在相关文书上签字、盖章或者以其他形式予以确认的，应当认定保险人履行了该项义务。但另有证据证明保险人未履行明确说明义务的除外。

第十四条 保险合同中记载的内容不一致的，按照下列规则认定：

（一）投保单与保险单或者其他保险凭证不一致的，以投保单为准。但不一致的情形系经保险人说明并经投保人同意的，以投保人签收的保险单或者其他保险凭证载明的内容为准；

（二）非格式条款与格式条款不一致的，以非格式条款为准；

（三）保险凭证记载的时间不同的，以形成时间在后的为准；

（四）保险凭证存在手写和打印两种方式的，以双方签字、盖章的手写部分的内容为准。

第十五条 保险法第二十三条规定的三十日核定期间，应自保险人初次收到索赔请求及投保人、被保险人或者受益人提供的有关证明和资料之日起算。

保险人主张扣除投保人、被保险人或者受益人补充提供有关证明和资料期间的，人民法院应予支持。扣除期间自保险人根据保险法第二十二条规定作出的通知到达投保人、被保险人或者受益人之日起，至投保人、被保险人或者受益人按照通知要求补充提供的有关证明和资料到达保险人之日止。

第十六条 保险人应以自己的名义行使保险代位求偿权。

根据保险法第六十条第一款的规定，保险人代位求偿权的诉讼时效期间应自其取得代位求偿权之日起算。

第十七条 保险人在其提供的保险合同格式条款中对非保险术语所作的解释符合专业意义，或者虽不符合专业意义，但有利于投保人、被保险人或者受益人的，人民法院应予认可。

第十八条 行政管理部门依据法律规定制作的交通事故认定书、火灾事故认定书等，人民法院应当依法审查并确认其相应的证明力，但有相反证据能够推翻的除外。

第十九条 保险事故发生后，被保险人或者受益人起诉保险人，保险人以被保险人或者受益人未要求第三者承担责任为由抗辩不承担保险责任的，人民法院不予支持。

财产保险事故发生后，被保险人就其所受损失从第三者取得赔偿后的不足部分提起诉讼，请求保险人赔偿的，人民法院应予依法受理。

第二十条 保险公司依法设立并取得营业执照的分支机构属于《中华人民共和国民事诉讼法》第四十八条规定的其他组织,可以作为保险合同纠纷案件的当事人参加诉讼。

第二十一条 本解释施行后尚未终审的保险合同纠纷案件,适用本解释;本解释施行前已经终审,当事人申请再审或者按照审判监督程序决定再审的案件,不适用本解释。

最高人民法院关于适用《中华人民共和国保险法》若干问题的解释(三)

法释〔2015〕21号

(2015年9月21日最高人民法院审判委员会第1661次会议通过)

为正确审理保险合同纠纷案件,切实维护当事人的合法权益,根据《中华人民共和国保险法》《中华人民共和国合同法》《中华人民共和国民事诉讼法》等法律规定,结合审判实践,就保险法中关于保险合同章人身保险部分有关法律适用问题解释如下:

第一条 当事人订立以死亡为给付保险金条件的合同,根据保险法第三十四条的规定,"被保险人同意并认可保险金额"可以采取书面形式、口头形式或者其他形式;可以在合同订立时作出,也可以在合同订立后追认。

有下列情形之一的,应认定为被保险人同意投保人为其订立保险合同并认可保险金额:

(一)被保险人明知他人代其签名同意而未表示异议的;

(二)被保险人同意投保人指定的受益人的;

(三)有证据足以认定被保险人同意投保人为其投保的其他情形。

第二条 被保险人以书面形式通知保险人和投保人撤销其依据保险法第三十四条第一款规定所作出的同意意思表示的,可认定为保险合同解除。

第三条 人民法院审理人身保险合同纠纷案件时,应主动审查投保人订立保险合同时是否具有保险利益,以及以死亡为给付保险金条件的合同是否经过被保险人同意并认可保险金额。

第四条 保险合同订立后，因投保人丧失对被保险人的保险利益，当事人主张保险合同无效的，人民法院不予支持。

第五条 保险合同订立时，被保险人根据保险人的要求在指定医疗服务机构进行体检，当事人主张投保人如实告知义务免除的，人民法院不予支持。

保险人知道被保险人的体检结果，仍以投保人未就相关情况履行如实告知义务为由要求解除合同的，人民法院不予支持。

第六条 未成年人父母之外的其他履行监护职责的人为未成年人订立以死亡为给付保险金条件的合同，当事人主张参照保险法第三十三条第二款、第三十四条第三款的规定认定该合同有效的，人民法院不予支持，但经未成年人父母同意的除外。

第七条 当事人以被保险人、受益人或者他人已经代为支付保险费为由，主张投保人对应的交费义务已经履行的，人民法院应予支持。

第八条 保险合同效力依照保险法第三十六条规定中止，投保人提出恢复效力申请并同意补交保险费的，除被保险人的危险程度在中止期间显著增加外，保险人拒绝恢复效力的，人民法院不予支持。

保险人在收到恢复效力申请后，三十日内未明确拒绝的，应认定为同意恢复效力。

保险合同自投保人补交保险费之日恢复效力。保险人要求投保人补交相应利息的，人民法院应予支持。

第九条 投保人指定受益人未经被保险人同意的，人民法院应认定指定行为无效。

当事人对保险合同约定的受益人存在争议，除投保人、被保险人在保险合同之外另有约定外，按照以下情形分别处理：

（一）受益人约定为"法定"或者"法定继承人"的，以继承法规定的法定继承人为受益人；

（二）受益人仅约定为身份关系，投保人与被保险人为同一主体的，根据保险事故发生时与被保险人的身份关系确定受益人；投保人与被保险人为不同主体的，根据保险合同成立时与被保险人的身份关系确定受益人；

（三）受益人的约定包括姓名和身份关系，保险事故发生时身份关系发生变化的，认定为未指定受益人。

第十条　投保人或者被保险人变更受益人，当事人主张变更行为自变更意思表示发出时生效的，人民法院应予支持。

投保人或者被保险人变更受益人未通知保险人，保险人主张变更对其不发生效力的，人民法院应予支持。

投保人变更受益人未经被保险人同意的，人民法院应认定变更行为无效。

第十一条　投保人或者被保险人在保险事故发生后变更受益人，变更后的受益人请求保险人给付保险金的，人民法院不予支持。

第十二条　投保人或者被保险人指定数人为受益人，部分受益人在保险事故发生前死亡、放弃受益权或者依法丧失受益权的，该受益人应得的受益份额按照保险合同的约定处理；保险合同没有约定或者约定不明的，该受益人应得的受益份额按照以下情形分别处理：

（一）未约定受益顺序和受益份额的，由其他受益人平均享有；

（二）未约定受益顺序但约定受益份额的，由其他受益人按照相应比例享有；

（三）约定受益顺序但未约定受益份额的，由同顺序的其他受益人平均享有；同一顺序没有其他受益人的，由后一顺序的受益人平均享有；

（四）约定受益顺序和受益份额的，由同顺序的其他受益人按照相应比例享有；同一顺序没有其他受益人的，由后一顺序的受益人按照相应比例享有。

第十三条 保险事故发生后，受益人将与本次保险事故相对应的全部或者部分保险金请求权转让给第三人，当事人主张该转让行为有效的，人民法院应予支持，但根据合同性质、当事人约定或者法律规定不得转让的除外。

第十四条 保险金根据保险法第四十二条规定作为被保险人的遗产，被保险人的继承人要求保险人给付保险金，保险人以其已向持有保险单的被保险人的其他继承人给付保险金为由抗辩的，人民法院应予支持。

第十五条 受益人与被保险人存在继承关系，在同一事件中死亡且不能确定死亡先后顺序的，人民法院应根据保险法第四十二条第二款的规定推定受益人死亡在先，并按照保险法及本解释的相关规定确定保险金归属。

第十六条 保险合同解除时，投保人与被保险人、受益人为不同主体，被保险人或者受益人要求退还保险单的现金价值的，人民法院不予支持，但保险合同另有约定的除外。

投保人故意造成被保险人死亡、伤残或者疾病，保险人依照保险法第四十三条规定退还保险单的现金价值的，其他权利人按照被保险人、被保险人继承人的顺序确定。

第十七条 投保人解除保险合同，当事人以其解除合同未经被保险人或者受益人同意为由主张解除行为无效的，人民法院不予支持，但被保险人或者受益人已向投保人支付相当于保险单现金价值的款项并通知保险人的除外。

第十八条 保险人给付费用补偿型的医疗费用保险金时，主张扣减被保险人从公费医疗或者社会医疗保险取得的赔偿金额的，应当证明该保险产品在厘定医疗费用保险费率时已经将公费医疗或者社会医疗保险部分相应扣除，并按照扣减后的标准收取保险费。

第十九条　保险合同约定按照基本医疗保险的标准核定医疗费用，保险人以被保险人的医疗支出超出基本医疗保险范围为由拒绝给付保险金的，人民法院不予支持；保险人有证据证明被保险人支出的费用超过基本医疗保险同类医疗费用标准，要求对超出部分拒绝给付保险金的，人民法院应予支持。

第二十条　保险人以被保险人未在保险合同约定的医疗服务机构接受治疗为由拒绝给付保险金的，人民法院应予支持，但被保险人因情况紧急必须立即就医的除外。

第二十一条　保险人以被保险人自杀为由拒绝给付保险金的，由保险人承担举证责任。

受益人或者被保险人的继承人以被保险人自杀时无民事行为能力为由抗辩的，由其承担举证责任。

第二十二条　保险法第四十五条规定的"被保险人故意犯罪"的认定，应当以刑事侦查机关、检察机关和审判机关的生效法律文书或者其他结论性意见为依据。

第二十三条　保险人主张根据保险法第四十五条的规定不承担给付保险金责任的，应当证明被保险人的死亡、伤残结果与其实施的故意犯罪或者抗拒依法采取的刑事强制措施的行为之间存在因果关系。

被保险人在羁押、服刑期间因意外或者疾病造成伤残或者死亡，保险人主张根据保险法第四十五条的规定不承担给付保险金责任的，人民法院不予支持。

第二十四条　投保人为被保险人订立以死亡为给付保险金条件的保险合同，被保险人被宣告死亡后，当事人要求保险人按照保险合同约定给付保险金的，人民法院应予支持。

被保险人被宣告死亡之日在保险责任期间之外，但有证据证明下落不明之日在保险责任期间之内，当事人要求保险人按照保险合同约定给付保险金的，人民法院应予支持。

第二十五条 被保险人的损失系由承保事故或者非承保事故、免责事由造成难以确定,当事人请求保险人给付保险金的,人民法院可以按照相应比例予以支持。

第二十六条 本解释自 2015 年 12 月 1 日起施行。本解释施行后尚未终审的保险合同纠纷案件,适用本解释;本解释施行前已经终审,当事人申请再审或者按照审判监督程序决定再审的案件,不适用本解释。

保险小额理赔服务指引（试行）

中国保监会关于印发《保险小额理赔服务
指引（试行）》的通知
保监消保〔2015〕201号

各保监局、中国保险行业协会、中国保险信息技术管理有限责任公司、各保险公司：

为深入贯彻落实《国务院关于加快发展现代保险服务业的若干意见》和《中国保监会关于加强保险消费者权益保护工作的意见》，提高保险理赔服务水平，促进保险理赔服务简单、方便、快捷、透明，切实保护保险消费者合法权益，我会制定了《保险小额理赔服务指引（试行）》（以下简称《指引》）。现印发给你们，并就有关事项通知如下：

一、高度重视，加强领导

加强和改进保险小额理赔服务是深入治理"理赔难"的重要举措，各单位要充分认识做好此项工作的重要意义。各保险公司要高度重视保险小额理赔服务工作，将其纳入日常重点工作，加强组织领导，加大资源投入，统筹推进，不断改善保险小额理赔服务。各保监局要加强理赔服务督导，适时督促检查辖内保险机构的执行情况，加强统筹协调和指导，促进保险小额理赔服务水平提升，切实保护消费者合法权益。

二、明确责任，确保落实

各保险公司要认真对照《指引》，研究制定具体落实方案，明确责任部门和工作任务，落实责任。中国保险行业协会要加强统筹协调，促进行业加强小额理赔服务能力建设，提升理赔服务质量和水平。中国保险信息技术管理有限责任公司要不断完善信息平台建设，协助做好保险小额理赔服务监测和信息披露工作。各保监局要督促辖内的保险机构认真贯彻落实《指引》的相关要求，并适时披露辖内各保险公司小额理赔服务监测指标数据。

三、立足长远，注重实效

加强和改进保险小额理赔服务是一项长期系统性工作。各单位贯彻落实《指引》时要立足长远，提前谋篇布局。要结合工作实际，不断创新服务方式，丰富服务内容，提升服务标准，形成持续改进理赔服务质量的良性循环和长效机制。在《指引》试行过程中，各单位如有问题和建议，请及时反馈我会保险消费者权益保护局。

中国保监会
2015 年 10 月 24 日

第一条　为贯彻落实《中国保监会关于加强保险消费者权益保护工作的意见》，提高保险理赔服务水平，促进保险理赔工作标准化、透明化和信息化，提升保险业社会信誉和保险消费者满意度，特制定本指引。

第二条　本指引所称保险小额理赔是指消费者索赔金额较小、事实清晰、责任明确的机动车辆保险（以下简称车险）和个人医疗保险理赔。

车险小额理赔是指发生事故仅涉及车辆损失（不涉及人伤、物损），事实清晰、责任明确，且索赔金额在 5000 元以下的车险理赔。

个人医疗保险小额理赔是指索赔金额在 3000 元以下，事实清晰、责任明确，且无需调查的费用补偿型、定额给付型个人医疗保险理赔。

第三条 保险公司应建立全天候接报案服务制度，确保"365天×24小时"报案渠道畅通，并在营业网点和互联网向社会公示统一报案电话，提示和引导消费者出险后及时报案。

第四条 对车险理赔，保险公司接到报案时应准确记录报案信息，提醒报案人需注意的事项，告知报案受理结果，及时进行查勘调度，并将报案号、理赔人员联系方式通过电话、短信、即时通讯工具等方式告知报案人。已建立交通事故快赔处理机制的地区，应引导报案人按照当地快赔处理模式处理。保险公司理赔查勘人员接到调度指令后，应及时联系报案人，告知理赔查勘人员的姓名和联系方式、核对报案信息、确认查勘地点，并向报案人告知索赔事项。

第五条 对于个人医疗保险理赔，保险公司接到报案后应在1个工作日内以电话、短信、即时通讯工具等方式告知消费者索赔事项。

第六条 对于身患残疾、卧病在床等有特殊困难不便到理赔服务窗口提交索赔申请材料的消费者，保险公司应推行上门受理等便捷服务。

第七条 保险公司应在符合风险管控及监管要求的前提下，最大限度简化保险小额理赔索赔资料，除索赔申请类、身份证明类、责任认定及金额确定证明类和支付信息类材料外，一般不应再要求消费者提供其他资料。

第八条 在风险可控的前提下，保险公司应逐步推行索赔单证电子化，减少纸质单证使用。

第九条 对于车险小额理赔，按以下要求简化索赔单证：

（一）合并索赔单证。保险公司应将索赔申请、委托授权、转账授权、查勘记录、损失确认和索赔告知等内容整合到机动车辆保险小额理赔申请书中,推行"多合一"单证。

（二）简化证件证明。对于单方事故,消费者仅需出示"三证一卡"（行驶证、驾驶证、被保险人有效身份证明、收款人银行卡或账户）,由保险公司进行原件验真后拍照留存；对于非单方事故,消费者还需提供责任认定及金额确定证明类材料。鼓励保险公司创新证件、证明信息采集途径和方式。

（三）减免维修发票。车辆损失金额2000元以下的,保险公司根据与消费者确认的损失结果,可减免汽车维修发票直接赔付给消费者（代领赔款的除外）。超出2000元的,保险公司可要求消费者提交发票或发票原件照片。消费者如到保险公司合作的维修企业维修车辆的,可由保险公司与维修企业直接交接发票,消费者不再提供。

（四）减免气象证明。发生大面积气象灾害,保险公司理赔时应以气象部门公布的气象报告为准,不应要求消费者提供气象证明。

第十条　个人医疗保险小额理赔,按以下要求简化索赔单证：

（一）合并索赔单证。保险公司应将索赔申请、委托授权、转账授权等内容整合到理赔申请书中,推行"多合一"单证。

（二）减免索赔单证。保险公司不应要求消费者在索赔时重复提供已留存并可查询验证的资料,包括保单正本、保费收据等。

（三）减免意外事故证明。个人医疗保险小额理赔中,除有公安机关等第三方介入的情况外,保险公司一般不应要求消费者提供意外事故证明。

第十一条　保险公司应多措并举加快理赔时效。保险小额理赔自消费者提交索赔申请、交齐索赔资料之日起5个自然日内结案率不低于80%；保险公司的平均索赔支付周期不应超过5个自然日。

第十二条　保险公司应准确记录和保存与消费者信息交互服务触点的时间和内容,并将接报案、立案、索赔资料接收齐全、结案支付等理赔节点信息和结果通过适当方式主动告知消费者。

第十三条 保险公司应做到理赔全流程透明管理，建立健全理赔信息便捷查询通道，确保消费者通过营业网点、电话、互联网等渠道查询包括理赔进度、节点时间、理算过程、理赔结果等关键信息。

第十四条 保险公司应依据不同险种类型的理算特点，将赔款金额、免赔额、赔付比例等理赔结果信息告知消费者。

第十五条 保险公司应加快推进理赔系统智能化建设，根据理赔风险级别，逐步提高保险小额理赔自动化处理比例，减少人工处理环节，提升理赔处理效率。

第十六条 保险公司应当建立健全营业网点、电话、互联网等多样化服务渠道，主动前伸服务触点，以满足不同类型消费者服务需求。

第十七条 保险公司应加大资源投入，加强服务创新，加快新技术应用，大力推进O2O服务模式，完善线上报案、受理、单证提交、审核反馈等功能，加强线上线下协同，实现快速服务响应，提升消费者服务体验。

第十八条 保险公司应建立保险小额理赔服务监测指标体系，主要指标为保险小额理赔五日结案率、保险小额理赔平均索赔支付周期、保险小额理赔获赔率等。保险公司应加强对上述服务指标的动态监测，促进保险小额理赔服务水平提升。

第十九条 中国保监会负责制定相关数据报送规则，适时披露保险小额理赔服务监测指标。保险公司应按规定报送保险小额理赔服务相关数据。

第二十条 保险公司委托外部机构实施的保险小额理赔服务标准参照本指引。

第二十一条 本指引由中国保监会负责解释和修订。

第二十二条 本指引自发布之日起施行。

存款保险条例

中华人民共和国国务院令

第 660 号

《存款保险条例》已经 2014 年 10 月 29 日国务院第 67 次常务会议通过,现予公布,自 2015 年 5 月 1 日起施行。

总理 李克强

2015 年 2 月 17 日

第一条 为了建立和规范存款保险制度,依法保护存款人的合法权益,及时防范和化解金融风险,维护金融稳定,制定本条例。

第二条 在中华人民共和国境内设立的商业银行、农村合作银行、农村信用合作社等吸收存款的银行业金融机构(以下统称投保机构),应当依照本条例的规定投保存款保险。

投保机构在中华人民共和国境外设立的分支机构,以及外国银行在中华人民共和国境内设立的分支机构不适用前款规定。但是,中华人民共和国与其他国家或者地区之间对存款保险制度另有安排的除外。

第三条 本条例所称存款保险,是指投保机构向存款保险基金管理机构交纳保费,形成存款保险基金,存款保险基金管理机构依照本条例的规定向存款人偿付被保险存款,并采取必要措施维护存款以及存款保险基金安全的制度。

第四条 被保险存款包括投保机构吸收的人民币存款和外币存款。但是,金融机构同业存款、投保机构的高级管理人员在本投保机构的存款以及存款保险基金管理机构规定不予保险的其他存款除外。

第五条 存款保险实行限额偿付,最高偿付限额为人民币 50 万元。中国人民银行会同国务院有关部门可以根据经济发展、存款结构变化、金融风险状况等因素调整最高偿付限额,报国务院批准后公布执行。

同一存款人在同一家投保机构所有被保险存款账户的存款本金和利息合并计算的资金数额在最高偿付限额以内的,实行全额偿付;超出最高偿付限额的部分,依法从投保机构清算财产中受偿。

存款保险基金管理机构偿付存款人的被保险存款后,即在偿付金额范围内取得该存款人对投保机构相同清偿顺序的债权。

社会保险基金、住房公积金存款的偿付办法由中国人民银行会同国务院有关部门另行制定,报国务院批准。

第六条 存款保险基金的来源包括:

(一)投保机构交纳的保费;

(二)在投保机构清算中分配的财产;

(三)存款保险基金管理机构运用存款保险基金获得的收益;

(四)其他合法收入。

第七条 存款保险基金管理机构履行下列职责:

(一)制定并发布与其履行职责有关的规则;

(二)制定和调整存款保险费率标准,报国务院批准;

(三)确定各投保机构的适用费率;

(四)归集保费;

(五)管理和运用存款保险基金;

(六)依照本条例的规定采取早期纠正措施和风险处置措施;

(七)在本条例规定的限额内及时偿付存款人的被保险存款;

(八)国务院批准的其他职责。

存款保险基金管理机构由国务院决定。

第八条 本条例施行前已开业的吸收存款的银行业金融机构，应当在存款保险基金管理机构规定的期限内办理投保手续。

本条例施行后开业的吸收存款的银行业金融机构，应当自工商行政管理部门颁发营业执照之日起6个月内，按照存款保险基金管理机构的规定办理投保手续。

第九条 存款保险费率由基准费率和风险差别费率构成。费率标准由存款保险基金管理机构根据经济金融发展状况、存款结构情况以及存款保险基金的累积水平等因素制定和调整，报国务院批准后执行。

各投保机构的适用费率，由存款保险基金管理机构根据投保机构的经营管理状况和风险状况等因素确定。

第十条 投保机构应当交纳的保费，按照本投保机构的被保险存款和存款保险基金管理机构确定的适用费率计算，具体办法由存款保险基金管理机构规定。

投保机构应当按照存款保险基金管理机构的要求定期报送被保险存款余额、存款结构情况以及与确定适用费率、核算保费、偿付存款相关的其他必要资料。

投保机构应当按照存款保险基金管理机构的规定，每6个月交纳一次保费。

第十一条 存款保险基金的运用，应当遵循安全、流动、保值增值的原则，限于下列形式：

（一）存放在中国人民银行；

（二）投资政府债券、中央银行票据、信用等级较高的金融债券以及其他高等级债券；

（三）国务院批准的其他资金运用形式。

第十二条 存款保险基金管理机构应当自每一会计年度结束之日起3个月内编制存款保险基金收支的财务会计报告、报表，并编制年度报告，按照国家有关规定予以公布。

存款保险基金的收支应当遵守国家统一的财务会计制度,并依法接受审计机关的审计监督。

第十三条 存款保险基金管理机构履行职责,发现有下列情形之一的,可以进行核查:

(一)投保机构风险状况发生变化,可能需要调整适用费率的,对涉及费率计算的相关情况进行核查;

(二)投保机构保费交纳基数可能存在问题的,对其存款的规模、结构以及真实性进行核查;

(三)对投保机构报送的信息、资料的真实性进行核查。

对核查中发现的重大问题,应当告知银行业监督管理机构。

第十四条 存款保险基金管理机构参加金融监督管理协调机制,并与中国人民银行、银行业监督管理机构等金融管理部门、机构建立信息共享机制。

存款保险基金管理机构应当通过信息共享机制获取有关投保机构的风险状况、检查报告和评级情况等监督管理信息。

前款规定的信息不能满足控制存款保险基金风险、保证及时偿付、确定差别费率等需要的,存款保险基金管理机构可以要求投保机构及时报送其他相关信息。

第十五条 存款保险基金管理机构发现投保机构存在资本不足等影响存款安全以及存款保险基金安全的情形的,可以对其提出风险警示。

第十六条 投保机构因重大资产损失等原因导致资本充足率大幅度下降,严重危及存款安全以及存款保险基金安全的,投保机构应当按照存款保险基金管理机构、中国人民银行、银行业监督管理机构的要求及时采取补充资本、控制资产增长、控制重大交易授信、降低杠杆率等措施。

投保机构有前款规定情形,且在存款保险基金管理机构规定的期限内未改进的,存款保险基金管理机构可以提高其适用费率。

第十七条 存款保险基金管理机构发现投保机构有《中华人民共和国银行业监督管理法》第三十八条、第三十九条规定情形的，可以建议银行业监督管理机构依法采取相应措施。

第十八条 存款保险基金管理机构可以选择下列方式使用存款保险基金，保护存款人利益：

（一）在本条例规定的限额内直接偿付被保险存款；

（二）委托其他合格投保机构在本条例规定的限额内代为偿付被保险存款；

（三）为其他合格投保机构提供担保、损失分摊或者资金支持，以促成其收购或者承担被接管、被撤销或者申请破产的投保机构的全部或者部分业务、资产、负债。

存款保险基金管理机构在拟订存款保险基金使用方案选择前款规定方式时，应当遵循基金使用成本最小的原则。

第十九条 有下列情形之一的，存款人有权要求存款保险基金管理机构在本条例规定的限额内，使用存款保险基金偿付存款人的被保险存款：

（一）存款保险基金管理机构担任投保机构的接管组织；

（二）存款保险基金管理机构实施被撤销投保机构的清算；

（三）人民法院裁定受理对投保机构的破产申请；

（四）经国务院批准的其他情形。

存款保险基金管理机构应当依照本条例的规定，在前款规定情形发生之日起7个工作日内足额偿付存款。

第二十条 存款保险基金管理机构的工作人员有下列行为之一的，依法给予处分：

（一）违反规定收取保费；

（二）违反规定使用、运用存款保险基金；

（三）违反规定不及时、足额偿付存款。

存款保险基金管理机构的工作人员滥用职权、玩忽职守、泄露国家秘密或者所知悉的商业秘密的，依法给予处分；构成犯罪的，依法追究刑事责任。

第二十一条　投保机构有下列情形之一的，由存款保险基金管理机构责令限期改正；逾期不改正或者情节严重的，予以记录并作为调整该投保机构的适用费率的依据：

（一）未依法投保；

（二）未依法及时、足额交纳保费；

（三）未按照规定报送信息、资料或者报送虚假的信息、资料；

（四）拒绝或者妨碍存款保险基金管理机构依法进行的核查；

（五）妨碍存款保险基金管理机构实施存款保险基金使用方案。

投保机构有前款规定情形的，存款保险基金管理机构可以对投保机构的主管人员和直接责任人员予以公示。投保机构有前款第二项规定情形的，存款保险基金管理机构还可以按日加收未交纳保费部分0.05%的滞纳金。

第二十二条　本条例施行前，已被国务院银行业监督管理机构依法决定接管、撤销或者人民法院已受理破产申请的吸收存款的银行业金融机构，不适用本条例。

第二十三条　本条例自2015年5月1日起施行。

中华人民共和国社会保险法

中华人民共和国主席令

第三十五号

《中华人民共和国社会保险法》已由中华人民共和国第十一届全国人民代表大会常务委员会第十七次会议于2010年10月28日通过，现予公布，自2011年7月1日起施行。

中华人民共和国主席　胡锦涛

2010年10月28日

第一章　总　则

第一条　为了规范社会保险关系，维护公民参加社会保险和享受社会保险待遇的合法权益，使公民共享发展成果，促进社会和谐稳定，根据宪法，制定本法。

第二条　国家建立基本养老保险、基本医疗保险、工伤保险、失业保险、生育保险等社会保险制度，保障公民在年老、疾病、工伤、失业、生育等情况下依法从国家和社会获得物质帮助的权利。

第三条 社会保险制度坚持广覆盖、保基本、多层次、可持续的方针，社会保险水平应当与经济社会发展水平相适应。

第四条 中华人民共和国境内的用人单位和个人依法缴纳社会保险费，有权查询缴费记录、个人权益记录，要求社会保险经办机构提供社会保险咨询等相关服务。

个人依法享受社会保险待遇，有权监督本单位为其缴费情况。

第五条 县级以上人民政府将社会保险事业纳入国民经济和社会发展规划。

国家多渠道筹集社会保险资金。县级以上人民政府对社会保险事业给予必要的经费支持。

国家通过税收优惠政策支持社会保险事业。

第六条 国家对社会保险基金实行严格监管。

国务院和省、自治区、直辖市人民政府建立健全社会保险基金监督管理制度，保障社会保险基金安全、有效运行。

县级以上人民政府采取措施，鼓励和支持社会各方面参与社会保险基金的监督。

第七条 国务院社会保险行政部门负责全国的社会保险管理工作，国务院其他有关部门在各自的职责范围内负责有关的社会保险工作。

县级以上地方人民政府社会保险行政部门负责本行政区域的社会保险管理工作，县级以上地方人民政府其他有关部门在各自的职责范围内负责有关的社会保险工作。

第八条 社会保险经办机构提供社会保险服务，负责社会保险登记、个人权益记录、社会保险待遇支付等工作。

第九条 工会依法维护职工的合法权益,有权参与社会保险重大事项的研究,参加社会保险监督委员会,对与职工社会保险权益有关的事项进行监督。

第二章 基本养老保险

第十条 职工应当参加基本养老保险,由用人单位和职工共同缴纳基本养老保险费。

无雇工的个体工商户、未在用人单位参加基本养老保险的非全日制从业人员以及其他灵活就业人员可以参加基本养老保险,由个人缴纳基本养老保险费。

公务员和参照公务员法管理的工作人员养老保险的办法由国务院规定。

第十一条 基本养老保险实行社会统筹与个人账户相结合。

基本养老保险基金由用人单位和个人缴费以及政府补贴等组成。

第十二条 用人单位应当按照国家规定的本单位职工工资总额的比例缴纳基本养老保险费,记入基本养老保险统筹基金。

职工应当按照国家规定的本人工资的比例缴纳基本养老保险费,记入个人账户。

无雇工的个体工商户、未在用人单位参加基本养老保险的非全日制从业人员以及其他灵活就业人员参加基本养老保险的,应当按照国家规定缴纳基本养老保险费,分别记入基本养老保险统筹基金和个人账户。

第十三条 国有企业、事业单位职工参加基本养老保险前,视同缴费年限期间应当缴纳的基本养老保险费由政府承担。

基本养老保险基金出现支付不足时,政府给予补贴。

第十四条 个人账户不得提前支取,记账利率不得低于银行定期存款利率，免征利息税。个人死亡的，个人账户余额可以继承。

第十五条　基本养老金由统筹养老金和个人账户养老金组成。

基本养老金根据个人累计缴费年限、缴费工资、当地职工平均工资、个人账户金额、城镇人口平均预期寿命等因素确定。

第十六条　参加基本养老保险的个人，达到法定退休年龄时累计缴费满十五年的，按月领取基本养老金。

参加基本养老保险的个人，达到法定退休年龄时累计缴费不足十五年的，可以缴费至满十五年，按月领取基本养老金；也可以转入新型农村社会养老保险或者城镇居民社会养老保险，按照国务院规定享受相应的养老保险待遇。

第十七条　参加基本养老保险的个人，因病或者非因工死亡的，其遗属可以领取丧葬补助金和抚恤金；在未达到法定退休年龄时因病或者非因工致残完全丧失劳动能力的，可以领取病残津贴。所需资金从基本养老保险基金中支付。

第十八条　国家建立基本养老金正常调整机制。根据职工平均工资增长、物价上涨情况，适时提高基本养老保险待遇水平。

第十九条　个人跨统筹地区就业的，其基本养老保险关系随本人转移，缴费年限累计计算。个人达到法定退休年龄时，基本养老金分段计算、统一支付。具体办法由国务院规定。

第二十条　国家建立和完善新型农村社会养老保险制度。

新型农村社会养老保险实行个人缴费、集体补助和政府补贴相结合。

第二十一条　新型农村社会养老保险待遇由基础养老金和个人账户养老金组成。

参加新型农村社会养老保险的农村居民，符合国家规定条件的，按月领取新型农村社会养老保险待遇。

第二十二条　国家建立和完善城镇居民社会养老保险制度。

省、自治区、直辖市人民政府根据实际情况，可以将城镇居民社会养老保险和新型农村社会养老保险合并实施。

第三章 基本医疗保险

第二十三条 职工应当参加职工基本医疗保险，由用人单位和职工按照国家规定共同缴纳基本医疗保险费。

无雇工的个体工商户、未在用人单位参加职工基本医疗保险的非全日制从业人员以及其他灵活就业人员可以参加职工基本医疗保险，由个人按照国家规定缴纳基本医疗保险费。

第二十四条 国家建立和完善新型农村合作医疗制度。

新型农村合作医疗的管理办法，由国务院规定。

第二十五条 国家建立和完善城镇居民基本医疗保险制度。

城镇居民基本医疗保险实行个人缴费和政府补贴相结合。

享受最低生活保障的人、丧失劳动能力的残疾人、低收入家庭六十周岁以上的老年人和未成年人等所需个人缴费部分，由政府给予补贴。

第二十六条 职工基本医疗保险、新型农村合作医疗和城镇居民基本医疗保险的待遇标准按照国家规定执行。

第二十七条 参加职工基本医疗保险的个人，达到法定退休年龄时累计缴费达到国家规定年限的，退休后不再缴纳基本医疗保险费，按照国家规定享受基本医疗保险待遇；未达到国家规定年限的，可以缴费至国家规定年限。

第二十八条 符合基本医疗保险药品目录、诊疗项目、医疗服务设施标准以及急诊、抢救的医疗费用，按照国家规定从基本医疗保险基金中支付。

第二十九条 参保人员医疗费用中应当由基本医疗保险基金支付的部分，由社会保险经办机构与医疗机构、药品经营单位直接结算。

社会保险行政部门和卫生行政部门应当建立异地就医医疗费用结算制度,方便参保人员享受基本医疗保险待遇。

第三十条 下列医疗费用不纳入基本医疗保险基金支付范围:

(一)应当从工伤保险基金中支付的;

(二)应当由第三人负担的;

(三)应当由公共卫生负担的;

(四)在境外就医的。

医疗费用依法应当由第三人负担,第三人不支付或者无法确定第三人的,由基本医疗保险基金先行支付。基本医疗保险基金先行支付后,有权向第三人追偿。

第三十一条 社会保险经办机构根据管理服务的需要,可以与医疗机构、药品经营单位签订服务协议,规范医疗服务行为。

医疗机构应当为参保人员提供合理、必要的医疗服务。

第三十二条 个人跨统筹地区就业的,其基本医疗保险关系随本人转移,缴费年限累计计算。

第四章 工伤保险

第三十三条 职工应当参加工伤保险,由用人单位缴纳工伤保险费,职工不缴纳工伤保险费。

第三十四条 国家根据不同行业的工伤风险程度确定行业的差别费率,并根据使用工伤保险基金、工伤发生率等情况在每个行业内确定费率档次。行业差别费率和行业内费率档次由国务院社会保险行政部门制定,报国务院批准后公布施行。

社会保险经办机构根据用人单位使用工伤保险基金、工伤发生率和所属行业费率档次等情况,确定用人单位缴费费率。

第三十五条 用人单位应当按照本单位职工工资总额,根据社会保险经办机构确定的费率缴纳工伤保险费。

第三十六条 职工因工作原因受到事故伤害或者患职业病，且经工伤认定的，享受工伤保险待遇；其中，经劳动能力鉴定丧失劳动能力的，享受伤残待遇。

工伤认定和劳动能力鉴定应当简捷、方便。

第三十七条 职工因下列情形之一导致本人在工作中伤亡的，不认定为工伤：

（一）故意犯罪；

（二）醉酒或者吸毒；

（三）自残或者自杀；

（四）法律、行政法规规定的其他情形。

第三十八条 因工伤发生的下列费用，按照国家规定从工伤保险基金中支付：

（一）治疗工伤的医疗费用和康复费用；

（二）住院伙食补助费；

（三）到统筹地区以外就医的交通食宿费；

（四）安装配置伤残辅助器具所需费用；

（五）生活不能自理的，经劳动能力鉴定委员会确认的生活护理费；

（六）一次性伤残补助金和一至四级伤残职工按月领取的伤残津贴；

（七）终止或者解除劳动合同时，应当享受的一次性医疗补助金；

（八）因工死亡的，其遗属领取的丧葬补助金、供养亲属抚恤金和因工死亡补助金；

（九）劳动能力鉴定费。

第三十九条 因工伤发生的下列费用，按照国家规定由用人单位支付：

（一）治疗工伤期间的工资福利；

（二）五级、六级伤残职工按月领取的伤残津贴；

（三）终止或者解除劳动合同时，应当享受的一次性伤残就业补助金。

第四十条　工伤职工符合领取基本养老金条件的，停发伤残津贴，享受基本养老保险待遇。基本养老保险待遇低于伤残津贴的，从工伤保险基金中补足差额。

第四十一条　职工所在用人单位未依法缴纳工伤保险费，发生工伤事故的，由用人单位支付工伤保险待遇。用人单位不支付的，从工伤保险基金中先行支付。

从工伤保险基金中先行支付的工伤保险待遇应当由用人单位偿还。用人单位不偿还的，社会保险经办机构可以依照本法第六十三条的规定追偿。

第四十二条　由于第三人的原因造成工伤，第三人不支付工伤医疗费用或者无法确定第三人的，由工伤保险基金先行支付。工伤保险基金先行支付后，有权向第三人追偿。

第四十三条　工伤职工有下列情形之一的，停止享受工伤保险待遇：

（一）丧失享受待遇条件的；

（二）拒不接受劳动能力鉴定的；

（三）拒绝治疗的。

第五章　失业保险

第四十四条　职工应当参加失业保险，由用人单位和职工按照国家规定共同缴纳失业保险费。

第四十五条　失业人员符合下列条件的，从失业保险基金中领取失业保险金：

（一）失业前用人单位和本人已经缴纳失业保险费满一年的；

（二）非因本人意愿中断就业的；

（三）已经进行失业登记，并有求职要求的。

第四十六条　失业人员失业前用人单位和本人累计缴费满一年不足五年的，领取失业保险金的期限最长为十二个月；累计缴费满五年不足十年的，领取失业保险金的期限最长为十八个月；累计缴费十年以上的，领取失业保险金的期限最长为二十四个月。重新就业后，再次失业的，缴费时间重新计算，领取失业保险金的期限与前次失业应当领取而尚未领取的失业保险金的期限合并计算，最长不超过二十四个月。

第四十七条　失业保险金的标准，由省、自治区、直辖市人民政府确定，不得低于城市居民最低生活保障标准。

第四十八条　失业人员在领取失业保险金期间，参加职工基本医疗保险，享受基本医疗保险待遇。

失业人员应当缴纳的基本医疗保险费从失业保险基金中支付，个人不缴纳基本医疗保险费。

第四十九条　失业人员在领取失业保险金期间死亡的，参照当地对在职职工死亡的规定，向其遗属发给一次性丧葬补助金和抚恤金。所需资金从失业保险基金中支付。

个人死亡同时符合领取基本养老保险丧葬补助金、工伤保险丧葬补助金和失业保险丧葬补助金条件的，其遗属只能选择领取其中的一项。

第五十条　用人单位应当及时为失业人员出具终止或者解除劳动关系的证明，并将失业人员的名单自终止或者解除劳动关系之日起十五日内告知社会保险经办机构。

失业人员应当持本单位为其出具的终止或者解除劳动关系的证明，及时到指定的公共就业服务机构办理失业登记。

失业人员凭失业登记证明和个人身份证明，到社会保险经办机构办理领取失业保险金的手续。失业保险金领取期限自办理失业登记之日起计算。

第五十一条　失业人员在领取失业保险金期间有下列情形之一的，停止领取失业保险金，并同时停止享受其他失业保险待遇：

（一）重新就业的；

（二）应征服兵役的；

（三）移居境外的；

（四）享受基本养老保险待遇的；

（五）无正当理由，拒不接受当地人民政府指定部门或者机构介绍的适当工作或者提供的培训的。

第五十二条　职工跨统筹地区就业的，其失业保险关系随本人转移，缴费年限累计计算。

第六章　生育保险

第五十三条　职工应当参加生育保险，由用人单位按照国家规定缴纳生育保险费，职工不缴纳生育保险费。

第五十四条　用人单位已经缴纳生育保险费的，其职工享受生育保险待遇；职工未就业配偶按照国家规定享受生育医疗费用待遇。所需资金从生育保险基金中支付。

生育保险待遇包括生育医疗费用和生育津贴。

第五十五条　生育医疗费用包括下列各项：

（一）生育的医疗费用；

（二）计划生育的医疗费用；

（三）法律、法规规定的其他项目费用。

第五十六条　职工有下列情形之一的，可以按照国家规定享受生育津贴：

（一）女职工生育享受产假；

（二）享受计划生育手术休假；

（三）法律、法规规定的其他情形。

生育津贴按照职工所在用人单位上年度职工月平均工资计发。

第七章　社会保险费征缴

第五十七条　用人单位应当自成立之日起三十日内凭营业执照、登记证书或者单位印章，向当地社会保险经办机构申请办理社会保险登记。社会保险经办机构应当自收到申请之日起十五日内予以审核，发给社会保险登记证件。

用人单位的社会保险登记事项发生变更或者用人单位依法终止的，应当自变更或者终止之日起三十日内，到社会保险经办机构办理变更或者注销社会保险登记。

工商行政管理部门、民政部门和机构编制管理机关应当及时向社会保险经办机构通报用人单位的成立、终止情况，公安机关应当及时向社会保险经办机构通报个人的出生、死亡以及户口登记、迁移、注销等情况。

第五十八条　用人单位应当自用工之日起三十日内为其职工向社会保险经办机构申请办理社会保险登记。未办理社会保险登记的，由社会保险经办机构核定其应当缴纳的社会保险费。

自愿参加社会保险的无雇工的个体工商户、未在用人单位参加社会保险的非全日制从业人员以及其他灵活就业人员，应当向社会保险经办机构申请办理社会保险登记。

国家建立全国统一的个人社会保障号码。个人社会保障号码为公民身份号码。

第五十九条　县级以上人民政府加强社会保险费的征收工作。

社会保险费实行统一征收，实施步骤和具体办法由国务院规定。

第六十条　用人单位应当自行申报、按时足额缴纳社会保险费，非因不可抗力等法定事由不得缓缴、减免。职工应当缴纳的社会保险费由用人单位代扣代缴，用人单位应当按月将缴纳社会保险费的明细情况告知本人。

无雇工的个体工商户、未在用人单位参加社会保险的非全日制从业人员以及其他灵活就业人员，可以直接向社会保险费征收机构缴纳社会保险费。

第六十一条　社会保险费征收机构应当依法按时足额征收社会保险费，并将缴费情况定期告知用人单位和个人。

第六十二条　用人单位未按规定申报应当缴纳的社会保险费数额的，按照该单位上月缴费额的百分之一百一十确定应当缴纳数额；缴费单位补办申报手续后，由社会保险费征收机构按照规定结算。

第六十三条　用人单位未按时足额缴纳社会保险费的，由社会保险费征收机构责令其限期缴纳或者补足。

用人单位逾期仍未缴纳或者补足社会保险费的，社会保险费征收机构可以向银行和其他金融机构查询其存款账户；并可以申请县级以上有关行政部门作出划拨社会保险费的决定，书面通知其开户银行或者其他金融机构划拨社会保险费。用人单位账户余额少于应当缴纳的社会保险费的，社会保险费征收机构可以要求该用人单位提供担保，签订延期缴费协议。

用人单位未足额缴纳社会保险费且未提供担保的，社会保险费征收机构可以申请人民法院扣押、查封、拍卖其价值相当于应当缴纳社会保险费的财产，以拍卖所得抵缴社会保险费。

第八章　社会保险基金

第六十四条　社会保险基金包括基本养老保险基金、基本医疗保险基金、工伤保险基金、失业保险基金和生育保险基金。各项社会保险基金按照社会保险险种分别建账，分账核算，执行国家统一的会计制度。

社会保险基金专款专用，任何组织和个人不得侵占或者挪用。

基本养老保险基金逐步实行全国统筹，其他社会保险基金逐步实行省级统筹，具体时间、步骤由国务院规定。

第六十五条 社会保险基金通过预算实现收支平衡。

县级以上人民政府在社会保险基金出现支付不足时，给予补贴。

第六十六条 社会保险基金按照统筹层次设立预算。社会保险基金预算按照社会保险项目分别编制。

第六十七条 社会保险基金预算、决算草案的编制、审核和批准，依照法律和国务院规定执行。

第六十八条 社会保险基金存入财政专户，具体管理办法由国务院规定。

第六十九条 社会保险基金在保证安全的前提下，按照国务院规定投资运营实现保值增值。

社会保险基金不得违规投资运营，不得用于平衡其他政府预算，不得用于兴建、改建办公场所和支付人员经费、运行费用、管理费用，或者违反法律、行政法规规定挪作其他用途。

第七十条 社会保险经办机构应当定期向社会公布参加社会保险情况以及社会保险基金的收入、支出、结余和收益情况。

第七十一条 国家设立全国社会保障基金，由中央财政预算拨款以及国务院批准的其他方式筹集的资金构成，用于社会保障支出的补充、调剂。全国社会保障基金由全国社会保障基金管理运营机构负责管理运营，在保证安全的前提下实现保值增值。

全国社会保障基金应当定期向社会公布收支、管理和投资运营的情况。国务院财政部门、社会保险行政部门、审计机关对全国社会保障基金的收支、管理和投资运营情况实施监督。

第九章 社会保险经办

第七十二条 统筹地区设立社会保险经办机构。社会保险经办机构根据工作需要,经所在地的社会保险行政部门和机构编制管理机关批准,可以在本统筹地区设立分支机构和服务网点。

社会保险经办机构的人员经费和经办社会保险发生的基本运行费用、管理费用,由同级财政按照国家规定予以保障。

第七十三条 社会保险经办机构应当建立健全业务、财务、安全和风险管理制度。

社会保险经办机构应当按时足额支付社会保险待遇。

第七十四条 社会保险经办机构通过业务经办、统计、调查获取社会保险工作所需的数据,有关单位和个人应当及时、如实提供。

社会保险经办机构应当及时为用人单位建立档案,完整、准确地记录参加社会保险的人员、缴费等社会保险数据,妥善保管登记、申报的原始凭证和支付结算的会计凭证。

社会保险经办机构应当及时、完整、准确地记录参加社会保险的个人缴费和用人单位为其缴费,以及享受社会保险待遇等个人权益记录,定期将个人权益记录单免费寄送本人。

用人单位和个人可以免费向社会保险经办机构查询、核对其缴费和享受社会保险待遇记录,要求社会保险经办机构提供社会保险咨询等相关服务。

第七十五条 全国社会保险信息系统按照国家统一规划,由县级以上人民政府按照分级负责的原则共同建设。

第十章　社会保险监督

第七十六条　各级人民代表大会常务委员会听取和审议本级人民政府对社会保险基金的收支、管理、投资运营以及监督检查情况的专项工作报告，组织对本法实施情况的执法检查等，依法行使监督职权。

第七十七条　县级以上人民政府社会保险行政部门应当加强对用人单位和个人遵守社会保险法律、法规情况的监督检查。

社会保险行政部门实施监督检查时，被检查的用人单位和个人应当如实提供与社会保险有关的资料，不得拒绝检查或者谎报、瞒报。

第七十八条　财政部门、审计机关按照各自职责，对社会保险基金的收支、管理和投资运营情况实施监督。

第七十九条　社会保险行政部门对社会保险基金的收支、管理和投资运营情况进行监督检查，发现存在问题的，应当提出整改建议，依法作出处理决定或者向有关行政部门提出处理建议。社会保险基金检查结果应当定期向社会公布。

社会保险行政部门对社会保险基金实施监督检查，有权采取下列措施：

（一）查阅、记录、复制与社会保险基金收支、管理和投资运营相关的资料，对可能被转移、隐匿或者灭失的资料予以封存；

（二）询问与调查事项有关的单位和个人，要求其对与调查事项有关的问题作出说明、提供有关证明材料；

（三）对隐匿、转移、侵占、挪用社会保险基金的行为予以制止并责令改正。

第八十条　统筹地区人民政府成立由用人单位代表、参保人员代表，以及工会代表、专家等组成的社会保险监督委员会，掌握、分析社会保险基金的收支、管理和投资运营情况，对社会保险工作提出咨询意见和建议，实施社会监督。

社会保险经办机构应当定期向社会保险监督委员会汇报社会保险基金的收支、管理和投资运营情况。社会保险监督委员会可以聘请会计师事务所对社会保险基金的收支、管理和投资运营情况进行年度审计和专项审计。审计结果应当向社会公开。

社会保险监督委员会发现社会保险基金收支、管理和投资运营中存在问题的，有权提出改正建议；对社会保险经办机构及其工作人员的违法行为，有权向有关部门提出依法处理建议。

第八十一条　社会保险行政部门和其他有关行政部门、社会保险经办机构、社会保险费征收机构及其工作人员，应当依法为用人单位和个人的信息保密，不得以任何形式泄露。

第八十二条　任何组织或者个人有权对违反社会保险法律、法规的行为进行举报、投诉。

社会保险行政部门、卫生行政部门、社会保险经办机构、社会保险费征收机构和财政部门、审计机关对属于本部门、本机构职责范围的举报、投诉，应当依法处理；对不属于本部门、本机构职责范围的，应当书面通知并移交有权处理的部门、机构处理。有权处理的部门、机构应当及时处理，不得推诿。

第八十三条　用人单位或者个人认为社会保险费征收机构的行为侵害自己合法权益的，可以依法申请行政复议或者提起行政诉讼。

用人单位或者个人对社会保险经办机构不依法办理社会保险登记、核定社会保险费、支付社会保险待遇、办理社会保险转移接续手续或者侵害其他社会保险权益的行为，可以依法申请行政复议或者提起行政诉讼。

个人与所在用人单位发生社会保险争议的，可以依法申请调解、仲裁，提起诉讼。用人单位侵害个人社会保险权益的，个人也可以要求社会保险行政部门或者社会保险费征收机构依法处理。

第十一章 法律责任

第八十四条 用人单位不办理社会保险登记的，由社会保险行政部门责令限期改正；逾期不改正的，对用人单位处应缴社会保险费数额一倍以上三倍以下的罚款，对其直接负责的主管人员和其他直接责任人员处五百元以上三千元以下的罚款。

第八十五条 用人单位拒不出具终止或者解除劳动关系证明的，依照《中华人民共和国劳动合同法》的规定处理。

第八十六条 用人单位未按时足额缴纳社会保险费的，由社会保险费征收机构责令限期缴纳或者补足，并自欠缴之日起，按日加收万分之五的滞纳金；逾期仍不缴纳的，由有关行政部门处欠缴数额一倍以上三倍以下的罚款。

第八十七条 社会保险经办机构以及医疗机构、药品经营单位等社会保险服务机构以欺诈、伪造证明材料或者其他手段骗取社会保险基金支出的，由社会保险行政部门责令退回骗取的社会保险金，处骗取金额二倍以上五倍以下的罚款；属于社会保险服务机构的，解除服务协议；直接负责的主管人员和其他直接责任人员有执业资格的，依法吊销其执业资格。

第八十八条 以欺诈、伪造证明材料或者其他手段骗取社会保险待遇的，由社会保险行政部门责令退回骗取的社会保险金，处骗取金额二倍以上五倍以下的罚款。

第八十九条 社会保险经办机构及其工作人员有下列行为之一的，由社会保险行政部门责令改正；给社会保险基金、用人单位或者个人造成损失的，依法承担赔偿责任；对直接负责的主管人员和其他直接责任人员依法给予处分：

（一）未履行社会保险法定职责的；

（二）未将社会保险基金存入财政专户的；

（三）克扣或者拒不按时支付社会保险待遇的；

（四）丢失或者篡改缴费记录、享受社会保险待遇记录等社会保险数据、个人权益记录的；

（五）有违反社会保险法律、法规的其他行为的。

第九十条 社会保险费征收机构擅自更改社会保险费缴费基数、费率，导致少收或者多收社会保险费的，由有关行政部门责令其追缴应当缴纳的社会保险费或者退还不应当缴纳的社会保险费；对直接负责的主管人员和其他直接责任人员依法给予处分。

第九十一条 违反本法规定，隐匿、转移、侵占、挪用社会保险基金或者违规投资运营的，由社会保险行政部门、财政部门、审计机关责令追回；有违法所得的，没收违法所得；对直接负责的主管人员和其他直接责任人员依法给予处分。

第九十二条 社会保险行政部门和其他有关行政部门、社会保险经办机构、社会保险费征收机构及其工作人员泄露用人单位和个人信息的，对直接负责的主管人员和其他直接责任人员依法给予处分；给用人单位或者个人造成损失的，应当承担赔偿责任。

第九十三条 国家工作人员在社会保险管理、监督工作中滥用职权、玩忽职守、徇私舞弊的，依法给予处分。

第九十四条 违反本法规定，构成犯罪的，依法追究刑事责任。

第十二章　附　　则

第九十五条 进城务工的农村居民依照本法规定参加社会保险。

第九十六条 征收农村集体所有的土地,应当足额安排被征地农民的社会保险费,按照国务院规定将被征地农民纳入相应的社会保险制度。

第九十七条 外国人在中国境内就业的,参照本法规定参加社会保险。

第九十八条 本法自 2011 年 7 月 1 日起施行。

实施《中华人民共和国社会保险法》若干规定

中华人民共和国人力资源和社会保障部令

第 13 号

《实施〈中华人民共和国社会保险法〉若干规定》已经人力资源和社会保障部第 67 次部务会审议通过,现予公布,自 2011 年 7 月 1 日起施行。

二〇一一年六月二十九日

为了实施《中华人民共和国社会保险法》(以下简称社会保险法),制定本规定。

第一章 关于基本养老保险

第一条 社会保险法第十五条规定的统筹养老金,按照国务院规定的基础养老金计发办法计发。

第二条 参加职工基本养老保险的个人达到法定退休年龄时,累计缴费不足十五年的,可以延长缴费至满十五年。社会保险法实施前参保、延长缴费五年后仍不足十五年的，可以一次性缴费至满十五年。

第三条　参加职工基本养老保险的个人达到法定退休年龄后，累计缴费不足十五年（含依照第二条规定延长缴费）的，可以申请转入户籍所在地新型农村社会养老保险或者城镇居民社会养老保险，享受相应的养老保险待遇。

参加职工基本养老保险的个人达到法定退休年龄后，累计缴费不足十五年（含依照第二条规定延长缴费），且未转入新型农村社会养老保险或者城镇居民社会养老保险的，个人可以书面申请终止职工基本养老保险关系。社会保险经办机构收到申请后，应当书面告知其转入新型农村社会养老保险或者城镇居民社会养老保险的权利以及终止职工基本养老保险关系的后果，经本人书面确认后，终止其职工基本养老保险关系，并将个人账户储存额一次性支付给本人。

第四条　参加职工基本养老保险的个人跨省流动就业，达到法定退休年龄时累计缴费不足十五年的，按照《国务院办公厅关于转发人力资源社会保障部财政部城镇企业职工基本养老保险关系转移接续暂行办法的通知》（国办发〔2009〕66号）有关待遇领取地的规定确定继续缴费地后，按照本规定第二条办理。

第五条　参加职工基本养老保险的个人跨省流动就业，符合按月领取基本养老金条件时，基本养老金分段计算、统一支付的具体办法，按照《国务院办公厅关于转发人力资源社会保障部财政部城镇企业职工基本养老保险关系转移接续暂行办法的通知》（国办发〔2009〕66号）执行。

第六条　职工基本养老保险个人账户不得提前支取。个人在达到法定的领取基本养老金条件前离境定居的，其个人账户予以保留，达到法定领取条件时，按照国家规定享受相应的养老保险待遇。其中，丧失中华人民共和国国籍的，可以在其离境时或者离境后书面申请终止职工基本养老保险关系。社会保险经办机构收到申请后，应当书面告知其保留个人账户的权利以及终止职工基本养老保险关系的后果，经本人书面确认后，终止其职工基本养老保险关系，并将个人账户储存额一次性支付给本人。

参加职工基本养老保险的个人死亡后，其个人账户中的余额可以全部依法继承。

第二章　关于基本医疗保险

第七条　社会保险法第二十七条规定的退休人员享受基本医疗保险待遇的缴费年限按照各地规定执行。

参加职工基本医疗保险的个人，基本医疗保险关系转移接续时，基本医疗保险缴费年限累计计算。

第八条　参保人员在协议医疗机构发生的医疗费用，符合基本医疗保险药品目录、诊疗项目、医疗服务设施标准的，按照国家规定从基本医疗保险基金中支付。

参保人员确需急诊、抢救的，可以在非协议医疗机构就医；因抢救必须使用的药品可以适当放宽范围。参保人员急诊、抢救的医疗服务具体管理办法由统筹地区根据当地实际情况制定。

第三章　关于工伤保险

第九条　职工（包括非全日制从业人员）在两个或者两个以上用人单位同时就业的，各用人单位应当分别为职工缴纳工伤保险费。职工发生工伤，由职工受到伤害时工作的单位依法承担工伤保险责任。

第十条　社会保险法第三十七条第二项中的醉酒标准，按照

《车辆驾驶人员血液、呼气酒精含量阈值与检验》（GB19522—2004）执行。公安机关交通管理部门、医疗机构等有关单位依法出具的检测结论、诊断证明等材料，可以作为认定醉酒的依据。

第十一条 社会保险法第三十八条第八项中的因工死亡补助金是指《工伤保险条例》第三十九条的一次性工亡补助金，标准为工伤发生时上一年度全国城镇居民人均可支配收入的20倍。

上一年度全国城镇居民人均可支配收入以国家统计局公布的数据为准。

第十二条 社会保险法第三十九条第一项治疗工伤期间的工资福利，按照《工伤保险条例》第三十三条有关职工在停工留薪期内应当享受的工资福利和护理等待遇的规定执行。

第四章 关于失业保险

第十三条 失业人员符合社会保险法第四十五条规定条件的，可以申请领取失业保险金并享受其他失业保险待遇。其中，非因本人意愿中断就业包括下列情形：

（一）依照劳动合同法第四十四条第一项、第四项、第五项规定终止劳动合同的；

（二）由用人单位依照劳动合同法第三十九条、第四十条、第四十一条规定解除劳动合同的；

（三）用人单位依照劳动合同法第三十六条规定向劳动者提出解除劳动合同并与劳动者协商一致解除劳动合同的；

（四）由用人单位提出解除聘用合同或者被用人单位辞退、除名、开除的；

（五）劳动者本人依照劳动合同法第三十八条规定解除劳动合同的；

（六）法律、法规、规章规定的其他情形。

第十四条 失业人员领取失业保险金后重新就业的，再次失业时，缴费时间重新计算。失业人员因当期不符合失业保险金领取条件的，原有缴费时间予以保留，重新就业并参保的，缴费时间累计计算。

第十五条 失业人员在领取失业保险金期间，应当积极求职，接受职业介绍和职业培训。失业人员接受职业介绍、职业培训的补贴由失业保险基金按照规定支付。

第五章 关于基金管理和经办服务

第十六条 社会保险基金预算、决算草案的编制、审核和批准，依照《国务院关于试行社会保险基金预算的意见》（国发〔2010〕2号）的规定执行。

第十七条 社会保险经办机构应当每年至少一次将参保人员个人权益记录单通过邮寄方式寄送本人。同时，社会保险经办机构可以通过手机短信或者电子邮件等方式向参保人员发送个人权益记录。

第十八条 社会保险行政部门、社会保险经办机构及其工作人员应当依法为用人单位和个人的信息保密，不得违法向他人泄露下列信息：

（一）涉及用人单位商业秘密或者公开后可能损害用人单位合法利益的信息；

（二）涉及个人权益的信息。

第六章 关于法律责任

第十九条 用人单位在终止或者解除劳动合同时拒不向职工出

具终止或者解除劳动关系证明，导致职工无法享受社会保险待遇的，用人单位应当依法承担赔偿责任。

第二十条　职工应当缴纳的社会保险费由用人单位代扣代缴。用人单位未依法代扣代缴的，由社会保险费征收机构责令用人单位限期代缴，并自欠缴之日起向用人单位按日加收万分之五的滞纳金。用人单位不得要求职工承担滞纳金。

第二十一条　用人单位因不可抗力造成生产经营出现严重困难的，经省级人民政府社会保险行政部门批准后，可以暂缓缴纳一定期限的社会保险费，期限一般不超过一年。暂缓缴费期间，免收滞纳金。到期后，用人单位应当缴纳相应的社会保险费。

第二十二条　用人单位按照社会保险法第六十三条的规定，提供担保并与社会保险费征收机构签订缓缴协议的，免收缓缴期间的滞纳金。

第二十三条　用人单位按照本规定第二十一条、第二十二条缓缴社会保险费期间，不影响其职工依法享受社会保险待遇。

第二十四条　用人单位未按月将缴纳社会保险费的明细情况告知职工本人的，由社会保险行政部门责令改正；逾期不改的，按照《劳动保障监察条例》第三十条的规定处理。

第二十五条　医疗机构、药品经营单位等社会保险服务机构以欺诈、伪造证明材料或者其他手段骗取社会保险基金支出的，由社会保险行政部门责令退回骗取的社会保险金，处骗取金额二倍以上五倍以下的罚款。对与社会保险经办机构签订服务协议的医疗机构、药品经营单位，由社会保险经办机构按照协议追究责任，情节严重的，可以解除与其签订的服务协议。对有执业资格的直接负责的主管人员和其他直接责任人员，由社会保险行政部门建议授予其执业资格的有关主管部门依法吊销其执业资格。

第二十六条 社会保险经办机构、社会保险费征收机构、社会保险基金投资运营机构、开设社会保险基金专户的机构和专户管理银行及其工作人员有下列违法情形的，由社会保险行政部门按照社会保险法第九十一条的规定查处：

（一）将应征和已征的社会保险基金，采取隐藏、非法放置等手段，未按规定征缴、入账的；

（二）违规将社会保险基金转入社会保险基金专户以外的账户的；

（三）侵吞社会保险基金的；

（四）将各项社会保险基金互相挤占或者其他社会保障基金挤占社会保险基金的；

（五）将社会保险基金用于平衡财政预算，兴建、改建办公场所和支付人员经费、运行费用、管理费用的；

（六）违反国家规定的投资运营政策的。

第七章 其 他

第二十七条 职工与所在用人单位发生社会保险争议的，可以依照《中华人民共和国劳动争议调解仲裁法》、《劳动人事争议仲裁办案规则》的规定，申请调解、仲裁，提起诉讼。

职工认为用人单位有未按时足额为其缴纳社会保险费等侵害其社会保险权益行为的，也可以要求社会保险行政部门或者社会保险费征收机构依法处理。社会保险行政部门或者社会保险费征收机构应当按照社会保险法和《劳动保障监察条例》等相关规定处理。在处理过程中，用人单位对双方的劳动关系提出异议的，社会保险行政部门应当依法查明相关事实后继续处理。

第二十八条 在社会保险经办机构征收社会保险费的地区，社会保险行政部门应当依法履行社会保险法第六十三条所规定的有关行政部门的职责。

第二十九条 2011年7月1日后对用人单位未按时足额缴纳社会保险费的处理,按照社会保险法和本规定执行;对2011年7月1日前发生的用人单位未按时足额缴纳社会保险费的行为,按照国家和地方人民政府的有关规定执行。

第三十条 本规定自2011年7月1日起施行。

附 录

人力资源社会保障部关于城镇企业职工基本养老保险关系转移接续若干问题的通知

人社部规〔2016〕5号

各省、自治区、直辖市及新疆生产建设兵团人力资源社会保障厅（局）：

国务院办公厅转发的人力资源社会保障部、财政部《城镇企业职工基本养老保险关系转移接续暂行办法》（国办发〔2009〕66号，以下简称《暂行办法》）实施以来，跨省流动就业人员的养老保险关系转移接续工作总体运行平稳，较好地保障了参保人员的养老保险权益。但在实施过程中，也出现了一些新情况和新问题，导致部分参保人员养老保险关系转移接续存在困难。为进一步做好城镇企业职工养老保险关系转移接续工作，现就有关问题通知如下：

一、关于视同缴费年限计算地问题

参保人员待遇领取地按照《暂行办法》第六条和第十二条执行，即，基本养老保险关系在户籍所在地的，由户籍所在地负责办理待遇领取手续；基本养老保险关系不在户籍所在地，而在其基本养老保险关系所在地累计缴费年限满10年的，在该地办理待遇领取手续；基本养老保险关系不在户籍所在地，且在其基本养老保险关系所在地累计缴费年限不满 10 年的,将其基本养老保险关系转回上一个缴费年限满 10 年的原参保地办理待遇领取手续;基本养老保险关系不在户籍所在地,且在每个参保地的累计缴费年限均不满 10 年的,将其基本养老保险关系及相应资金归集到户籍所在地,由户籍所在地按规定办理待遇领取手续。缴费年限,除另有特殊规定外,均包括视同缴费年限。

一地(以省、自治区、直辖市为单位)的累计缴费年限包括在本地的实际缴费年限和计算在本地的视同缴费年限。其中,曾经在机关事业单位和企业工作的视同缴费年限,计算为当时工作地的视同缴费年限;在多地有视同缴费年限的,分别计算为各地的视同缴费年限。

二、关于缴费信息历史遗留问题的处理

由于各地政策或建立个人账户时间不一致等客观原因,参保人员在跨省转移接续养老保险关系时,转出地无法按月提供 1998 年 1 月 1 日之前缴费信息或者提供的 1998 年 1 月 1 日之前缴费信息无法在转入地计发待遇的,转入地应根据转出地提供的缴费时间记录,结合档案记载将相应年度计为视同缴费年限。

三、关于临时基本养老保险缴费账户的管理

参保人员在建立临时基本养老保险缴费账户地按照社会保险法规定,缴纳建立临时基本养老保险缴费账户前应缴未缴的养老保险费的,其临时基本养老保险缴费账户性质不予改变,转移接续养老保险关系时按照临时基本养老保险缴费账户的规定全额转移。

参保人员在建立临时基本养老保险缴费账户期间再次跨省流动就业的,封存原临时基本养老保险缴费账户,待达到待遇领取条件时,由待遇领取地社会保险经办机构统一归集原临时养老保险关系。

四、关于一次性缴纳养老保险费的转移

跨省流动就业人员转移接续养老保险关系时,对于符合国家规定一次性缴纳养老保险费超过 3 年（含）的，转出地应向转入地提供人民法院、审计部门、实施劳动保障监察的行政部门或劳动争议仲裁委员会出具的具有法律效力证明一次性缴费期间存在劳动关系的相应文书。

五、关于重复领取基本养老金的处理

《暂行办法》实施之后重复领取基本养老金的参保人员，由本人与社会保险经办机构协商确定保留其中一个养老保险关系并继续领取待遇，其他的养老保险关系应予以清理，个人账户剩余部分一次性退还本人。

六、关于退役军人养老保险关系转移接续

军人退役基本养老保险关系转移至安置地后，安置地应为其办理登记手续并接续养老保险关系，退役养老保险补助年限计算为安置地的实际参保缴费年限。

退役军人跨省流动就业的，其在 1998 年 1 月 1 日至 2005 年 12 月 31 日间的退役养老保险补助，转出地应按 11% 计算转移资金，并相应调整个人账户记录，所需资金从统筹基金中列支。

七、关于城镇企业成建制跨省转移养老保险关系的处理

城镇企业成建制跨省转移，按照《暂行办法》的规定转移接续养老保险关系。在省级政府主导下的规模以上企业成建制转移，可根据两省协商，妥善转移接续养老保险关系。

八、关于户籍所在地社会保险经办机构归集责任

跨省流动就业人员未在户籍地参保，但按国家规定达到待遇领取条件时待遇领取地为户籍地的，户籍地社会保险经办机构应为参保人员办理登记手续并办理养老保险关系转移接续手续，将各地的养老保险关系归集至户籍地，并核发相应的养老保险待遇。

九、本通知从印发之日起执行

人力资源社会保障部《关于贯彻落实国务院办公厅转发城镇企业职工基本养老保险关系转移接续暂行办法的通知》（人社部发

〔2009〕187号)、《关于印发城镇企业职工基本养老保险关系转移接续若干具体问题意见的通知》(人社部发〔2010〕70号)、《人力资源社会保障部办公厅关于职工基本养老保险关系转移接续有关问题的函》(人社厅函〔2013〕250号)与本通知不一致的,以本通知为准。参保人员已经按照原有规定办理退休手续的,不再予以调整。

人力资源社会保障部
2016年11月28日

国务院办公厅关于全面实施城乡居民大病保险的意见

国办发〔2015〕57号

各省、自治区、直辖市人民政府，国务院各部委、各直属机构：

城乡居民大病保险（以下简称大病保险）是基本医疗保障制度的拓展和延伸，是对大病患者发生的高额医疗费用给予进一步保障的一项新的制度性安排。大病保险试点以来，推动了医保、医疗、医药联动改革，促进了政府主导与发挥市场机制作用相结合，提高了基本医疗保障管理水平和运行效率，有力缓解了因病致贫、因病返贫问题。为加快推进大病保险制度建设，筑牢全民基本医疗保障网底，让更多的人民群众受益，经国务院同意，现提出以下意见。

一、基本原则和目标

（一）基本原则

1. 坚持以人为本、保障大病。建立完善大病保险制度，不断提高大病保障水平和服务可及性，着力维护人民群众健康权益，切实避免人民群众因病致贫、因病返贫。

2. 坚持统筹协调、政策联动。加强基本医保、大病保险、医疗救助、疾病应急救助、商业健康保险和慈善救助等制度的衔接，发挥协同互补作用，输出充沛的保障动能，形成保障合力。

3. 坚持政府主导、专业承办。强化政府在制定政策、组织协调、监督管理等方面职责的同时，采取商业保险机构承办大病保险的方式，发挥市场机制作用和商业保险机构专业优势，提高大病保险运行效率、服务水平和质量。

4. 坚持稳步推进、持续实施。大病保险保障水平要与经济社会发展、医疗消费水平和社会负担能力等相适应。强化社会互助共济，形成政府、个人和保险机构共同分担大病风险的机制。坚持因地制宜、规范运作，实现大病保险稳健运行和可持续发展。

（二）主要目标

2015年底前，大病保险覆盖所有城镇居民基本医疗保险、新型农村合作医疗（以下统称城乡居民基本医保）参保人群，大病患者看病就医负担有效减轻。到2017年，建立起比较完善的大病保险制度，与医疗救助等制度紧密衔接，共同发挥托底保障功能，有效防止发生家庭灾难性医疗支出，城乡居民医疗保障的公平性得到显著提升。

二、完善大病保险筹资机制

（一）科学测算筹资标准

各地结合当地经济社会发展水平、患大病发生的高额医疗费用情况、基本医保筹资能力和支付水平，以及大病保险保障水平等因素，科学细致做好资金测算，合理确定大病保险的筹资标准。

（二）稳定资金来源

从城乡居民基本医保基金中划出一定比例或额度作为大病保险资金。城乡居民基本医保基金有结余的地区，利用结余筹集大病保险资金；结余不足或没有结余的地区，在年度筹集的基金中予以安排。完善城乡居民基本医保的多渠道筹资机制，保证制度的可持续发展。

（三）提高统筹层次

大病保险原则上实行市（地）级统筹，鼓励省级统筹或全省（区、市）统一政策、统一组织实施，提高抗风险能力。

三、提高大病保险保障水平

（一）全面覆盖城乡居民

大病保险的保障对象为城乡居民基本医保参保人，保障范围与城乡居民基本医保相衔接。参保人患大病发生高额医疗费用，由大病保险对经城乡居民基本医保按规定支付后个人负担的合规医疗费用给予保障。

高额医疗费用，可以个人年度累计负担的合规医疗费用超过当地统计部门公布的上一年度城镇居民、农村居民年人均可支配收入作为主要测算依据。根据城乡居民收入变化情况，建立动态调整机制，研究细化大病的科学界定标准，具体由地方政府根据实际情况确定。合规医疗费用的具体范围由各省（区、市）和新疆生产建设兵团结合实际分别确定。

（二）逐步提高支付比例

2015年大病保险支付比例应达到50%以上，随着大病保险筹资能力、管理水平不断提高，进一步提高支付比例，更有效地减轻个人医疗费用负担。按照医疗费用高低分段制定大病保险支付比例，医疗费用越高支付比例越高。鼓励地方探索向困难群体适当倾斜的具体办法，努力提高大病保险制度托底保障的精准性。

四、加强医疗保障各项制度的衔接

强化基本医保、大病保险、医疗救助、疾病应急救助、商业健康保险及慈善救助等制度间的互补联动，明确分工，细化措施，在政策制定、待遇支付、管理服务等方面做好衔接，努力实现大病患者应保尽保。鼓励有条件的地方探索建立覆盖职工、城镇居民和农村居民的有机衔接、政策统一的大病保险制度。推动实现新型农村合作医疗重大疾病保障向大病保险平稳过渡。

建立大病信息通报制度，支持商业健康保险信息系统与基本医保、医疗机构信息系统进行必要的信息共享。大病保险承办机构要及时掌握大病患者医疗费用和基本医保支付情况，加强与城乡居民基本医保经办服务的衔接，提供"一站式"即时结算服务，确保群众方便、及时享受大病保险待遇。对经大病保险支付后自付费用仍有困难的患者，民政等部门要及时落实相关救助政策。

五、规范大病保险承办服务

（一）支持商业保险机构承办大病保险

地方政府人力资源社会保障、卫生计生、财政、保险监管部门共同制定大病保险的筹资、支付范围、最低支付比例以及就医、结算管理等基本政策，并通过适当方式征求意见。原则上通过政府招标选定商业保险机构承办大病保险业务，在正常招投标不能确定承办机构的情况下，由地方政府明确承办机构的产生办法。对商业保险机构承办大病保险的保费收入，按现行规定免征营业税，免征保险业务监管费；2015年至2018年，试行免征保险保障金。

（二）规范大病保险招标投标与合同管理

坚持公开、公平、公正和诚实信用的原则，建立健全招投标机制，规范招投标程序。招标主要包括具体支付比例、盈亏率、配备的承办和管理力量等内容。符合保险监管部门基本准入条件的商业保险机构自愿参加投标。招标人应当与中标的商业保险机构签署保险合同，明确双方责任、权利和义务，合同期限原则上不低于3年。因违反合同约定，或发生其他严重损害参保人权益的情况，可按照约定提前终止或解除合同，并依法追究责任。各地要不断完善合同内容，探索制定全省（区、市）统一的合同范本。

（三）建立大病保险收支结余和政策性亏损的动态调整机制

遵循收支平衡、保本微利的原则，合理控制商业保险机构盈利率。商业保险机构因承办大病保险出现超过合同约定的结余，需向城乡居民基本医保基金返还资金；因城乡居民基本医保政策调整等政策性原因给商业保险机构带来亏损时，由城乡居民基本医保基金和商业保险机构分摊，具体分摊比例应在保险合同中载明。

（四）不断提升大病保险管理服务的能力和水平

规范资金管理，商业保险机构承办大病保险获得的保费实行单独核算，确保资金安全和偿付能力。商业保险机构要建立专业队伍，加强专业能力建设，提高管理服务效率，优化服务流程，为参保人提供更加高效便捷的服务。发挥商业保险机构全国网络优势,简化报销手续,推动异地医保即时结算。鼓励商业保险机构在承办好大病保险业务的基础上,提供多样化的健康保险产品。

六、严格监督管理

(一)加强大病保险运行的监管

相关部门要各负其责,协同配合,强化服务意识,切实保障参保人权益。人力资源社会保障、卫生计生等部门要建立以保障水平和参保人满意度为核心的考核评价指标体系,加强监督检查和考核评估,督促商业保险机构按合同要求提高服务质量和水平。保险监管部门要加强商业保险机构从业资格审查以及偿付能力、服务质量和市场行为监管,依法查处违法违规行为。财政部门要会同相关部门落实利用城乡居民基本医保基金向商业保险机构购买大病保险的财务列支和会计核算办法,强化基金管理。审计部门要按规定进行严格审计。政府相关部门和商业保险机构要切实加强参保人员个人信息安全保障,防止信息外泄和滥用。

(二)规范医疗服务行为

卫生计生部门要加强对医疗机构、医疗服务行为和质量的监管。商业保险机构要与人力资源社会保障、卫生计生部门密切配合,协同推进按病种付费等支付方式改革。抓紧制定相关临床路径,强化诊疗规范,规范医疗行为,控制医疗费用。

(三)主动接受社会监督

商业保险机构要将签订合同情况以及筹资标准、待遇水平、支付流程、结算效率和大病保险年度收支等情况向社会公开。城乡居民基本医保经办机构承办大病保险的,在基金管理、经办服务、信息披露、社会监督等方面执行城乡居民基本医保现行规定。

七、强化组织实施

各省(区、市)人民政府和新疆生产建设兵团、各市(地)人民政府要将全面实施大病保险工作列入重要议事日程,进一步健全政府领导、部门协调、社会参与的工作机制,抓紧制定实施方案,细化工作任务和责任部门,明确时间节点和工作要求,确保2015年底前全面推开。

人力资源社会保障、卫生计生部门要加强对各地实施大病保险的指导,密切跟踪工作进展,及时研究解决新情况新问题,总结推广经验做法,不断完善大病保险制度。加强宣传解读,使群众广泛了解大病保险政策、科学理性对待疾病,增强全社会的保险责任意识,为大病保险实施营造良好社会氛围。

国务院办公厅

2015 年 7 月 28 日

农业保险条例

中华人民共和国国务院令

第 666 号

《国务院关于修改部分行政法规的决定》已经 2016 年 1 月 13 日国务院第 119 次常务会议通过，现予公布，自公布之日起施行。

总理　李克强

2016 年 2 月 6 日

（2012 年 10 月 24 日国务院第 222 次常务会议通过；根据 2016 年 2 月 6 日国务院令第 666 号《国务院关于修改部分行政法规的决定》修正）

第一章　总　则

第一条　为了规范农业保险活动，保护农业保险活动当事人的合法权益，提高农业生产抗风险能力，促进农业保险事业健康发展，根据《中华人民共和国保险法》、《中华人民共和国农业法》等法律，制定本条例。

第二条 本条例所称农业保险，是指保险机构根据农业保险合同，对被保险人在种植业、林业、畜牧业和渔业生产中因保险标的遭受约定的自然灾害、意外事故、疫病、疾病等保险事故所造成的财产损失，承担赔偿保险金责任的保险活动。

本条例所称保险机构，是指保险公司以及依法设立的农业互助保险等保险组织。

第三条 国家支持发展多种形式的农业保险，健全政策性农业保险制度。

农业保险实行政府引导、市场运作、自主自愿和协同推进的原则。

省、自治区、直辖市人民政府可以确定适合本地区实际的农业保险经营模式。

任何单位和个人不得利用行政权力、职务或者职业便利以及其他方式强迫、限制农民或者农业生产经营组织参加农业保险。

第四条 国务院保险监督管理机构对农业保险业务实施监督管理。国务院财政、农业、林业、发展改革、税务、民政等有关部门按照各自的职责，负责农业保险推进、管理的相关工作。

财政、保险监督管理、国土资源、农业、林业、气象等有关部门、机构应当建立农业保险相关信息的共享机制。

第五条 县级以上地方人民政府统一领导、组织、协调本行政区域的农业保险工作，建立健全推进农业保险发展的工作机制。县级以上地方人民政府有关部门按照本级人民政府规定的职责，负责本行政区域农业保险推进、管理的相关工作。

第六条 国务院有关部门、机构和地方各级人民政府及其有关部门应当采取多种形式，加强对农业保险的宣传，提高农民和农业生产经营组织的保险意识，组织引导农民和农业生产经营组织积极参加农业保险。

第七条 农民或者农业生产经营组织投保的农业保险标的属于财政给予保险费补贴范围的，由财政部门按照规定给予保险费补贴，具体办法由国务院财政部门商国务院农业、林业主管部门和保险监督管理机构制定。

国家鼓励地方人民政府采取由地方财政给予保险费补贴等措施，支持发展农业保险。

第八条 国家建立财政支持的农业保险大灾风险分散机制，具体办法由国务院财政部门会同国务院有关部门制定。

国家鼓励地方人民政府建立地方财政支持的农业保险大灾风险分散机制。

第九条 保险机构经营农业保险业务依法享受税收优惠。

国家支持保险机构建立适应农业保险业务发展需要的基层服务体系。

国家鼓励金融机构对投保农业保险的农民和农业生产经营组织加大信贷支持力度。

第二章 农业保险合同

第十条 农业保险可以由农民、农业生产经营组织自行投保，也可以由农业生产经营组织、村民委员会等单位组织农民投保。

由农业生产经营组织、村民委员会等单位组织农民投保的，保险机构应当在订立农业保险合同时，制定投保清单，详细列明被保险人的投保信息，并由被保险人签字确认。保险机构应当将承保情况予以公示。

第十一条 在农业保险合同有效期内,合同当事人不得因保险标的的危险程度发生变化增加保险费或者解除农业保险合同。

第十二条 保险机构接到发生保险事故的通知后,应当及时进行现场查勘,会同被保险人核定保险标的的受损情况。由农业生产经营组织、村民委员会等单位组织农民投保的,保险机构应当将查勘定损结果予以公示。

保险机构按照农业保险合同约定,可以采取抽样方式或者其他方式核定保险标的的损失程度。采用抽样方式核定损失程度的,应当符合有关部门规定的抽样技术规范。

第十三条 法律、行政法规对受损的农业保险标的的处理有规定的,理赔时应当取得受损保险标的已依法处理的证据或者证明材料。

保险机构不得主张对受损的保险标的残余价值的权利,农业保险合同另有约定的除外。

第十四条 保险机构应当在与被保险人达成赔偿协议后10日内,将应赔偿的保险金支付给被保险人。农业保险合同对赔偿保险金的期限有约定的,保险机构应当按照约定履行赔偿保险金义务。

第十五条 保险机构应当按照农业保险合同约定,根据核定的保险标的的损失程度足额支付应赔偿的保险金。

任何单位和个人不得非法干预保险机构履行赔偿保险金的义务,不得限制被保险人取得保险金的权利。

农业生产经营组织、村民委员会等单位组织农民投保的,理赔清单应当由被保险人签字确认,保险机构应当将理赔结果予以公示。

第十六条 本条例对农业保险合同未作规定的,参照适用《中华人民共和国保险法》中保险合同的有关规定。

第三章 经营规则

第十七条 保险机构经营农业保险业务,应当符合下列条件:

(一)有完善的基层服务网络;

(二)有专门的农业保险经营部门并配备相应的专业人员;

(三)有完善的农业保险内控制度;

(四)有稳健的农业再保险和大灾风险安排以及风险应对预案;

(五)偿付能力符合国务院保险监督管理机构的规定;

(六)国务院保险监督管理机构规定的其他条件。

除保险机构外,任何单位和个人不得经营农业保险业务。

第十八条 保险机构经营农业保险业务,实行自主经营、自负盈亏。

保险机构经营农业保险业务,应当与其他保险业务分开管理,单独核算损益。

第十九条 保险机构应当公平、合理地拟订农业保险条款和保险费率。属于财政给予保险费补贴的险种的保险条款和保险费率,保险机构应当在充分听取省、自治区、直辖市人民政府财政、农业、林业部门和农民代表意见的基础上拟订。

农业保险条款和保险费率应当依法报保险监督管理机构审批或者备案。

第二十条 保险机构经营农业保险业务的准备金评估和偿付能力报告的编制,应当符合国务院保险监督管理机构的规定。

农业保险业务的财务管理和会计核算需要采取特殊原则和方法的,由国务院财政部门制定具体办法。

第二十一条 保险机构可以委托基层农业技术推广等机构协助办理农业保险业务。保险机构应当与被委托协助办理农业保险业务的机构签订书面合同,明确双方权利义务,约定费用支付,并对协助办理农业保险业务的机构进行业务指导。

第二十二条 保险机构应当按照国务院保险监督管理机构的规定妥善保存农业保险查勘定损的原始资料。

禁止任何单位和个人涂改、伪造、隐匿或者违反规定销毁查勘定损的原始资料。

第二十三条 保险费补贴的取得和使用,应当遵守依照第七条制定的具体办法的规定。

禁止以下列方式或者其他任何方式骗取农业保险的保险费补贴:

(一) 虚构或者虚增保险标的或者以同一保险标的进行多次投保;

(二) 以虚假理赔、虚列费用、虚假退保或者截留、挪用保险金、挪用经营费用等方式冲销投保人应缴的保险费或者财政给予的保险费补贴。

第二十四条 禁止任何单位和个人挪用、截留、侵占保险机构应当赔偿被保险人的保险金。

第二十五条 本条例对农业保险经营规则未作规定的,适用《中华人民共和国保险法》中保险经营规则及监督管理的有关规定。

第四章 法律责任

第二十六条 保险机构不符合本条例第十七条第一款规定条件经营农业保险业务的,由保险监督管理机构责令限期改正,停止接受新业务;逾期不改正或者造成严重后果的,处10万元以上50万元以下的罚款,可以责令停业整顿或者吊销经营保险业务许可证。

保险机构以外的其他组织或者个人非法经营农业保险业务的，由保险监督管理机构予以取缔，没收违法所得，并处违法所得 1 倍以上 5 倍以下的罚款；没有违法所得或者违法所得不足 20 万元的，处 20 万元以上 100 万元以下的罚款。

第二十七条　保险机构经营农业保险业务，违反本条例规定，有下列行为之一的，由保险监督管理机构责令改正，处 5 万元以上 30 万元以下的罚款；情节严重的，可以限制其业务范围、责令停止接受新业务：

（一）未按照规定将农业保险业务与其他保险业务分开管理，单独核算损益；

（二）利用开展农业保险业务为其他机构或者个人牟取不正当利益；

（三）未按照规定申请批准农业保险条款、保险费率。

保险机构经营农业保险业务，未按照规定报送农业保险条款、保险费率备案的，由保险监督管理机构责令限期改正；逾期不改正的，处 1 万元以上 10 万元以下的罚款。

第二十八条　保险机构违反本条例规定，保险监督管理机构除依照本条例的规定给予处罚外，对其直接负责的主管人员和其他直接责任人员给予警告，并处 1 万元以上 10 万元以下的罚款；情节严重的，对取得任职资格或者从业资格的人员撤销其相应资格。

第二十九条　本条例第二十三条规定，骗取保险费补贴的，由财政部门依照《财政违法行为处罚处分条例》的有关规定予以处理；构成犯罪的，依法追究刑事责任。

违反本条例第二十四条规定，挪用、截留、侵占保险金的，由有关部门依法处理；构成犯罪的，依法追究刑事责任。

第三十条　保险机构违反本条例规定的法律责任，本条例未作规定的，适用《中华人民共和国保险法》的有关规定。

第五章　附　则

第三十一条　保险机构经营有政策支持的涉农保险，参照适用本条例有关规定。

涉农保险是指农业保险以外、为农民在农业生产生活中提供保险保障的保险，包括农房、农机具、渔船等财产保险，涉及农民的生命和身体等方面的短期意外伤害保险。

第三十二条　本条例自2013年3月1日起施行。

农业保险承保理赔管理暂行办法

中国保监会关于印发《农业保险承保理赔管理暂行办法》的通知

保监发〔2015〕31号

各保监局、中国保险行业协会、中国保险信息技术管理有限责任公司、各财产保险公司、中国财产再保险有限责任公司：

为进一步贯彻落实《农业保险条例》，规范农业保险承保理赔业务管理，切实维护参保农户利益，确保国家强农惠农富农政策有效落实。经会签财政部、农业部，我会制定了《农业保险承保理赔管理暂行办法》，现印发给你们，请遵照执行。

中国保监会

2015年3月17日

第一章 总 则

第一条 为规范农业保险承保理赔业务管理，切实维护参保农户利益，防范农业保险经营风险，保障农业保险持续健康发展，根据《中华人民共和国保险法》、《农业保险条例》等相关法律法规，制定本办法。

第二条 本办法适用于种植业保险和养殖业保险业务。价格保险和指数保险等创新型业务、以及森林保险业务另行规定。

第二章　承保管理

第一节　投　保

第三条 保险公司应严格履行明确说明义务，在投保单、保险单上作出足以引起投保人注意的提示，并向投保人说明投保险种的保险责任、责任免除、合同双方权利义务、理赔标准和方式等条款重要内容。由农业生产经营组织或村民委员会组织农户投保的，可组织投保人、被保险人集中召开宣传说明会，现场发放投保险种的保险条款，讲解保险条款中的重点内容。

第四条 保险公司和组织投保的单位应确保农户的知情权和自主权，不得欺骗误导农户投保，不得以不正当手段强迫农户投保或限制农户投保。

保险公司及其工作人员不得向投保人、被保险人承诺给予保险合同约定以外的保险费回扣或者其他利益。

第五条 保险公司应准确完整记录投保信息。投保信息应至少包括：

（一）客户信息。投保人和被保险人姓名或者组织名称、身份证号码或组织机构代码、联系方式、居住地址；

（二）保险标的信息。保险标的数量、地块或村组位置（种植业）、养殖地点和标识信息（养殖业）；

（三）其他信息。投保险种、保费金额、保险费率、自缴保费、保险金额、保险期间。

上述信息应在业务系统中设置为必录项，确保投保信息规范、完整、准确。

第二节 承 保

第六条 保险公司应根据保险标的风险状况和分布情况，采用全检或者抽查的方式查验标的，核查保险标的位置、数量、权属和风险状况。条件允许的，保险公司应从当地农业、国土资源、财政等部门或相关机构取得保险标的有关信息，以核对承保信息的真实性。

承保种植业保险，应查验被保险人土地承包经营权证书或土地承包经营租赁合同。被保险人确实无法提供的，应由相关主管部门出具证明材料。承保养殖业保险，应查验保险标的存栏数量、防灾防疫、标识佩戴等情况。被保险人为规模养殖场的，应查验经营许可资料。

保险公司应对标的查验情况进行拍摄，影像应能反映查验人员、查验日期、承保标的特征和规模，确保影像资料清晰、完整、未经任何修改，并上传至业务系统作为核保的必要内容。

第七条 农业生产经营组织或村民委员会组织农户投保的，应制作分户投保清单，详细列明被保险人及保险标的信息。投保清单在农业生产经营组织或者村民委员会核对并盖章确认后，保险公司应以适当方式在村级或农业生产经营组织公共区域进行不少于3天的公示。如农户提出异议，应在调查确认后据实调整。确认无误后，应将投保分户清单录入业务系统。

第三节 核 保

第八条 保险公司应在业务系统中注明投保人身份，严格审核保险标的权属，不得将对保险标的不具有保险利益的组织或个人确认为被保险人。

保险公司应确认由投保人或被保险人本人在承保业务单证（包括分户投保清单）上签字或盖章。特殊情形可以由投保人或被保险人直系亲属代为办理，同时注明其与被保险人的关系。

第九条 保险公司应加强核保管理，合理设置核保权限，由省级分公司或总公司集中核保。对投保清单、保险标的权属及数量、实地验标、承保公示等关键要素进行严格审核，不符合规定要求和缺少相关内容的，不得核保通过。

第十条 保险公司应加强批改管理，对于重要承保信息的批改，应由省级分公司或总公司审批。

第四节 收费出单

第十一条 保险公司应在确认收到农户自缴保费后，方可出具保险单。保险单或保险凭证应发放到户。

第十二条 对享受国家财政补贴的险种，保险公司应按规定及时向有关部门提供承保信息，以便协调结算财政补贴资金。

第三章 理赔管理

第十三条 保险公司应以保障投保农户合法权益为出发点，贯彻"主动、迅速、科学、合理"的原则，重合同、守信用，做好理赔工作。

第一节 报案

第十四条 保险公司应加强接报案管理，保持报案渠道畅通。农业保险报案应由省级分公司或总公司集中受理，报案信息应及时准确录入业务系统。对于省级以下分支机构或经办人员直接收到农户报案的，保险公司应引导或协助农户报案。对于超出报案时限的案件，应在业务系统中录入延迟报案的具体原因。

接到报案后，应及时生成报案号记录和分派查勘任务，并即时通知报案人后续工作安排。

第二节　查勘定损

第十五条　保险公司应在接到报案后 24 小时内进行现场查勘，因不可抗力或重大灾害等原因难以及时到达的，应及时与报案人联系并说明原因。

发生大面积种植业灾害，保险公司可依照相关农业技术规范抽取样本测定保险标的损失程度。鼓励保险公司委托农业技术等专业第三方机构协助制定查勘规范。

发生养殖业事故，保险公司应对死亡标的拍摄，并将其标识录入业务系统，保险公司业务系统应具备标识唯一性的审核、校验功能，出险标的耳号标识应在业务系统内自动注销。保险公司应配合相关主管部门督促养殖户依照国家规定对病死标的进行无害化处理，并将无害化处理作为理赔的前提条件，不能确认无害化处理的，不予赔偿。

第十六条　保险公司应对损失情况进行拍摄，查勘影像应能体现查勘人员、拍摄位置、拍摄日期、被保险人或其代理人、受损标的特征、规模或损失程度，确保影像资料清晰、完整、未经任何修改，并上传业务系统作为核赔的必要档案。

第十七条　查勘结束后，保险公司应及时缮制查勘报告。查勘报告要注明查勘时间和地点，并对标的受损情况、事故原因以及是否属于保险责任等方面提出明确意见。查勘报告应根据现场查勘的原始记录缮制，原始记录应由查勘人员和被保险人签字确认，不得遗失、补记和做任何修改。

第十八条　保险公司应及时核定损失。种植业保险发生保险事故造成绝收的，应在接到报案后 20 日内完成损失核定；发生保险事故造成部分损失的，应在农作物收获后20日内完成损失核定。养殖业保险应在接到报案后3日内完成损失核定。发生重大灾害、大范围疫情以及其他特殊情形除外。

对于损失核定需要较长时间的，保险公司应做好解释说明工作。

第十九条 保险公司应根据定损标准和规范科学定损，并做到定损结果确定到户。省级分公司或总公司应对原始定损结果进行抽查。

第二十条 保险公司应加强案件拒赔管理。对于不属于保险责任的，应在核定之日起3日内向被保险人发出拒赔通知书，并做好解释说明工作。查勘照片、查勘报告和拒赔通知书等理赔材料应上传业务系统管理。

第三节 立 案

第二十一条 保险公司应在确认保险责任后，及时立案。报案后超过10日尚未立案的，业务系统应强制自动立案。保险公司应逐案进行立案估损，并根据查勘定损情况及时调整估损金额。

第四节 理赔公示

第二十二条 农业生产经营组织、村民委员会等组织农户投保种植业保险的，保险公司应将查勘定损结果、理赔结果在村级或农业生产经营组织公共区域进行不少于3天的公示。保险公司应根据公示反馈结果制作分户理赔清单，列明被保险人姓名、身份证号、银行账号和赔款金额，由被保险人或其直系亲属签字确认。农户提出异议的，保险公司应进行调查核实后据实调整，并将结果反馈。

第五节 核　赔

第二十三条 保险公司应加强核赔管理，合理设置核赔权限。原则上，权限应集中至省级分公司或总公司。

第二十四条 保险公司应对查勘报告、损失清单、查勘影像、公示材料等关键要素进行严格审核，重点核实赔案的真实性和定损结果的合理性。

第六节 赔款支付

第二十五条 属于保险责任的，保险公司应在与被保险人达成赔偿协议后 10 日内支付赔款。农业保险合同对赔偿保险金的期限有约定的，保险公司应当按照约定履行赔偿保险金义务。

第二十六条 农业保险赔款原则上应通过转账方式支付到被保险人银行账户，并留存有效支付凭证。财务支付的收款人名称应与被保险人一致。

第四章　协办业务管理

第二十七条 保险公司应加强自身能力建设，自主经营，自设网点。在基层服务网点不健全的区域，可以委托基层财政、农业等机构协助办理农业保险业务。

第二十八条 保险公司委托基层财政、农业等机构协助办理农业保险业务的，应按照公平、自主自愿的原则，与协办机构签订书面合同，明确双方权利义务，并由协办机构指派相关人员具体办理农业保险业务。保险公司应将每年确定的协办机构和人员名单报所在地区保险监管部门备案。

第二十九条 保险公司应定期对协办人员开展培训，包括国家政策、监管要求、经办流程、人员责任等。

第三十条 协办业务双方应按照公平、公正、按劳取酬的原则，合理确定工作费用，并建立工作费用激励约束机制。保险公司应加强工作费用管理，确保工作费用仅用于协助办理农业保险业务，不得挪作他用。工作费用应通过转账方式支付。

除工作费用外，保险公司不得给予或承诺给予协办机构、协办人员合同约定以外的回扣或其他利益。

第三十一条 保险公司应加强对协办业务的管理，确保其规范运作。要制定协办业务管理办法，加强对协办业务的指导和管理。应当将协办业务的合规性列为公司内部审计的重点，发现问题及时处理、纠正。

各地保监局应结合本地实际情况，确定保险公司可以委托第三方机构协办的业务种类、业务比例及对协办业务的抽查比例等。

第五章 内控管理

第三十二条 保险公司应建立客户回访制度。被保险人为规模经营主体的，应实现全部回访，其他被保险人应抽取一定比例回访。承保环节重点回访核实保险标的权属和数量、自缴保费、告知义务履行以及承保公示等情况。理赔环节重点回访核实受灾品种、损失情况、查勘定损过程、赔款支付、理赔公示等情况。保险公司应详细记录回访时间、地点、对象和回访结果等内容，并留存回访录音或走访记录等资料备查。

第三十三条 保险公司应建立投诉处理制度。农户投诉农业保险相关事项的，保险公司应及时受理、认真调查，在规定时限内做出答复。

第三十四条 保险公司应建立农业保险分级审核制度，根据承保、理赔涉及的数量和金额合理确定审核权限，留存审核手续，落实各层级、各环节的管理责任。

第三十五条 保险公司应建立农业保险内部稽核制度，根据《农业保险条例》、有关监管规定以及公司内控制度，定期对分支机构农业保险业务进行核查，并将核查结果及时报告保险监管部门。

第三十六条 保险公司应建立档案管理制度。承保档案应包括投保单、保险单、实地查验影像、公示影像、保费发票或收据等资料。理赔档案应包括出险通知书或索赔申请书、查勘报告、查勘影像、公示影像、赔款支付证明等资料。公示影像资料应能够反映拍摄日期、地点和公示内容。上述资料应及时归档、集中管理、妥善保管。

第三十七条 保险公司应加强防灾防损工作，根据农业灾害特点，因地制宜地开展预警、防灾、减损等工作，提高农业抵御风险的能力。

第三十八条 保险公司应加强信息管理系统建设，实现农业保险全流程系统管理，承保、理赔、再保险和财务系统应无缝对接。信息管理系统应能够实时监控承保理赔情况，具备数据管理和统计分析功能。

第三十九条 保险公司应加强服务能力建设，建立分支机构服务能力标准，完善基层服务网络，提高业务人员素质，确保服务能力和业务规模相匹配。

第六章　附　　则

第四十条 保险公司应根据本办法制定公司农业保险承保理赔业务管理实施细则，并报保监会备案。

第四十一条 农业互助保险组织参照执行。

第四十二条 本办法未作规定的，适用《保险法》、《农业保险条例》中的经营规则和监督管理的有关规定。

第四十三条 本办法自 2015 年 4 月 1 日起施行，实施期限为三年。《关于加强农业保险承保管理工作的通知》（保监产险〔2011〕455 号）和《关于加强农业保险理赔管理工作的通知》（保监发〔2012〕6 号）同时废止。

中央财政农业保险保险费补贴管理办法

财政部关于印发《中央财政农业保险保险费补贴管理办法》的通知

财金〔2016〕123号

农业部、林业局，各省、自治区、直辖市、计划单列市财政厅（局），财政部驻各省、自治区、直辖市、计划单列市财政监察专员办事处，新疆生产建设兵团财务局，中国储备粮管理总公司、中国农业发展集团有限公司：

为做好中央财政农业保险保险费补贴工作，提高财政补贴资金使用效益，现将《中央财政农业保险保险费补贴管理办法》印发给你们，请遵照执行。执行中如遇相关问题，请及时函告我部。

中华人民共和国财政部

2016年12月19日

第一章 总 则

第一条 为促进农业保险持续健康发展，完善农村金融服务体系，国家支持在全国范围内建立农业保险制度。为加强中央财政农业保险保险费补贴资金管理，更好服务"三农"，根据《预算法》、《农业保险条例》、《金融企业财务规则》等规定，制定本办法。

第二条 本办法所称中央财政农业保险保险费补贴，是指财政部对省级政府引导有关农业保险经营机构（以下简称经办机构）开展的符合条件的农业保险业务，按照保险费的一定比例，为投保农户、农业生产经营组织等提供补贴。

本办法所称经办机构，是指保险公司以及依法设立并开展农业保险业务的农业互助保险等保险组织。本办法所称农业生产经营组织，是指农民专业合作社、农业企业以及其他农业生产经营组织。

第三条 农业保险保险费补贴工作实行政府引导、市场运作、自主自愿、协同推进的原则。

（一）政府引导。财政部门通过保险费补贴等政策支持，鼓励和引导农户、农业生产经营组织投保农业保险，推动农业保险市场化发展，增强农业抗风险能力。

（二）市场运作。财政投入要与农业保险发展的市场规律相适应，以经办机构的商业化经营为依托，充分发挥市场机制作用，逐步构建市场化的农业生产风险保障体系。

（三）自主自愿。农户、农业生产经营组织、经办机构、地方财政部门等各方的参与都要坚持自主自愿，在符合国家规定的基础上，申请中央财政农业保险保险费补贴。

（四）协同推进。保险费补贴政策要与其他农村金融和支农惠农政策有机结合，财政、农业、林业、保险监管等有关单位积极协同配合，共同做好农业保险工作。

第二章 补贴政策

第四条 财政部提供保险费补贴的农业保险（以下简称补贴险种）标的为关系国计民生和粮食、生态安全的主要大宗农产品，以及根据党中央、国务院有关文件精神确定的其他农产品。

鼓励各省、自治区、直辖市、计划单列市（以下简称各地）结合本地实际和财力状况，对符合农业产业政策、适应当地"三农"发展需求的农业保险给予一定的保险费补贴等政策支持。

第五条 中央财政补贴险种标的主要包括：

（一）种植业。玉米、水稻、小麦、棉花、马铃薯、油料作物、糖料作物。

（二）养殖业。能繁母猪、奶牛、育肥猪。

（三）森林。已基本完成林权制度改革、产权明晰、生产和管理正常的公益林和商品林。

（四）其他品种。青稞、牦牛、藏系羊（以下简称藏区品种）、天然橡胶，以及财政部根据党中央、国务院要求确定的其他品种。

第六条 对于上述补贴险种，全国各地均可自主自愿开展，经财政部确认符合条件的地区（以下简称补贴地区），财政部将按规定给予保险费补贴支持。

第七条 在地方自愿开展并符合条件的基础上，财政部按照以下规定提供保险费补贴：

（一）种植业。在省级财政至少补贴25%的基础上，中央财政对中西部地区补贴40%、对东部地区补贴35%；对纳入补贴范围的新疆生产建设兵团、中央直属垦区、中国储备粮管理总公司、中国农业发展集团有限公司等（以下统称中央单位），中央财政补贴65%。

（二）养殖业。在省级及省级以下财政（以下简称地方财政）至少补贴30%的基础上，中央财政对中西部地区补贴50%、对东部地区补贴40%；对中央单位，中央财政补贴80%。

（三）森林。公益林在地方财政至少补贴40%的基础上，中央财政补贴50%；对大兴安岭林业集团公司，中央财政补贴90%。商品林在省级财政至少补贴25%的基础上，中央财政补贴30%；对大兴安岭林业集团公司，中央财政补贴55%。

（四）藏区品种、天然橡胶。在省级财政至少补贴25%的基础上，中央财政补贴40%；对中央单位，中央财政补贴65%。

第八条 在上述补贴政策基础上，中央财政对产粮大县三大粮食作物保险进一步加大支持力度。

对省级财政给予产粮大县三大粮食作物农业保险保险费补贴比例高于25%的部分，中央财政承担高出部分的50%。其中，对农户负担保险费比例低于20%的部分，需先从省级财政补贴比例高于25%的部分中扣除，剩余部分中央财政承担50%。在此基础上，如省级财政进一步提高保险费补贴比例，并相应降低产粮大县的县级财政保险费负担，中央财政还将承担产粮大县县级补贴降低部分的50%。

当县级财政补贴比例降至0时，中央财政对中西部地区的补贴比例，低于42.5%（含42.5%）的，按42.5%确定；在42.5%—45%（含45%）之间的，按上限45%确定；在45%—47.5%（含47.5%）之间的，按上限47.5%确定。对中央单位符合产粮大县条件的下属单位，中央财政对三大粮食作物农业保险保险费补贴比例由65%提高至72.5%。

本办法所称三大粮食作物是指稻谷、小麦和玉米。本办法所称产粮大县是指根据财政部产粮（油）大县奖励办法确定的产粮大县。

第九条 鼓励省级财政部门结合实际，对不同险种、不同区域实施差异化的农业保险保险费补贴政策，加大对重要农产品、规模经营主体、产粮大县、贫困地区及贫困户的支持力度。

第三章　保险方案

第十条　经办机构应当公平、合理的拟订农业保险条款和费率。属于财政给予保险费补贴险种的保险条款和保险费率，经办机构应当在充分听取各地人民政府财政、农业、林业部门和农民代表意见的基础上拟订。

第十一条　补贴险种的保险责任应涵盖当地主要的自然灾害、重大病虫害和意外事故等；有条件的地方可稳步探索以价格、产量、气象的变动等作为保险责任，由此产生的保险费，可由地方财政部门给予一定比例补贴。

第十二条　补贴险种的保险金额，以保障农户及农业生产组织灾后恢复生产为主要目标，主要包括：

（一）种植业保险。原则上为保险标的生长期内所发生的直接物化成本（以最近一期价格等相关主管部门发布或认可的数据为准，下同），包括种子、化肥、农药、灌溉、机耕和地膜等成本。

（二）养殖业保险。原则上为保险标的的生理价值，包括购买价格和饲养成本。

（三）森林保险。原则上为林木损失后的再植成本，包括灾害木清理、整地、种苗处理与施肥、挖坑、栽植、抚育管理到树木成活所需的一次性总费用。

鼓励各地和经办机构根据本地农户的支付能力，适当调整保险金额。对于超出直接物化成本的保障部分，应当通过适当方式予以明确，由此产生的保险费，有条件的地方可以结合实际，提供一定的补贴，或由投保人承担。

第十三条　地方财政部门应会同有关部门逐步建立当地农业保

险费率调整机制，合理确定费率水平。连续3年出现以下情形的，原则上应当适当降低保险费率，省级财政部门应当依法予以监督：

（一）经办机构农业保险的整体承保利润率超过其财产险业务平均承保利润率的；

（二）专业农业保险经办机构的整体承保利润率超过财产险行业平均承保利润率的；

（三）前两款中经办机构财产险业务或财产险行业的平均承保利润率为负的，按照近3年相关平均承保利润率的均值计算。

本办法所称承保利润率为1-综合成本率。

第十四条　经办机构应当合理设置补贴险种赔付条件，维护投保农户合法权益。补贴险种不得设置绝对免赔，科学合理的设置相对免赔。

第十五条　经办机构可以通过"无赔款优待"等方式，对本保险期限内无赔款的投保农户，在下一保险期限内给予一定保险费减免优惠。

农户、农业生产经营组织、地方财政、中央财政等按照相关规定，以农业保险实际保险费和各方保险费分担比例为准，计算各方应承担的保险费金额。

第十六条　补贴险种的保险条款应当通俗易懂、表述清晰，保单上应当明确载明农户、农业生产经营组织、地方财政、中央财政等各方承担的保险费比例和金额。

第四章　保障措施

第十七条　农业保险技术性强、参与面广，各地应高度重视，结合本地财政状况、农户承受能力等，制定切实可行的保险费补贴方案，积极稳妥推动相关工作开展。

鼓励各地和经办机构采取有效措施，加强防灾减损工作，防范逆向选择与道德风险。鼓励各地根据有关规定，对经办机构的展业、承保、查勘、定损、理赔、防灾防损等农业保险工作给予支持。

第十八条　各地和经办机构应当因地制宜确定具体投保模式，坚持尊重农户意愿与提高组织程度相结合，积极发挥农业生产经营组织、乡镇林业工作机构、村民委员会等组织服务功能，采取多种形式组织农户投保。

由农业生产经营组织、乡镇林业工作机构、村民委员会等单位组织农户投保的，经办机构应当在订立补贴险种合同时，制订投保清单，详细列明投保农户的投保信息，并由投保农户或其授权的直系亲属签字确认。

第十九条　各地和经办机构应当结合实际，研究制定查勘定损工作标准，对定损办法、理赔起点、赔偿处理等具体问题予以规范，切实维护投保农户合法权益。

第二十条　经办机构应当在与被保险人达成赔偿协议后10日内，将应赔偿的保险金支付给被保险人。农业保险合同对赔偿保险金的期限有约定的，经办机构应当按照约定履行赔偿保险金义务。

经办机构原则上应当通过财政补贴"一卡通"、银行转账等非现金方式，直接将保险赔款支付给农户。如果农户没有财政补贴"一卡通"和银行账户，经办机构应当采取适当方式确保将赔偿保险金直接赔付到户。

第二十一条　经办机构应当在确认收到农户、农业生产经营组织自缴保险费后，方可出具保险单，保险单或保险凭证应发放到户。经办机构应按规定在显著位置，或通过互联网、短信、微信等方式，将惠农政策、承保情况、理赔结果、服务标准和监管要求进行公示，做到公开透明。

第二十二条　财政部门应当认真做好保险费补贴资金的筹集、拨付、管理、结算等各项工作，与农业、林业、保险监管、水利、气象、宣传等部门，协同配合，共同把农业保险保险费补贴工作落到实处。

第五章　预算管理

第二十三条　农业保险保险费补贴资金实行专项管理、分账核算。财政部承担的保险费补贴资金，列入年度中央财政预算。省级财政部门承担的保险费补贴资金，由省级财政预算安排，省级以下财政部门承担的保险费补贴资金，由省级财政部门负责监督落实。

第二十四条　农业保险保险费补贴资金实行专款专用、据实结算。保险费补贴资金当年出现结余的，抵减下年度预算；如下年度不再为补贴地区，中央财政结余部分全额返还财政部。

第二十五条　省级财政部门及有关中央单位应于每年3月底之前，编制当年保险费补贴资金申请报告，并报送财政部，抄送财政监察专员办事处（以下简称专员办）。同时，对上年度中央财政农业保险保险费补贴资金进行结算，编制结算报告，并送对口专员办审核。当年资金申请和上年度资金结算报告内容主要包括：

（一）保险方案。包括补贴险种的经办机构、经营模式、保险品种、保险费率、保险金额、保险责任、补贴区域、投保面积、单位保险费、总保险费等相关内容。

（二）补贴方案。包括农户自缴保险费比例及金额、各级财政补贴比例及金额、资金拨付与结算等相关情况。

（三）保障措施。包括主要工作计划、组织领导、监督管理、承保、查勘、定损、理赔、防灾防损等相关措施。

（四）直接物化成本数据。价格等相关主管部门发布的最近一期农业生产直接物化成本数据（直接费用）。保险金额超过直接物化成本的，应当进行说明，并测算地方各级财政应承担的补贴金额。

（五）产粮大县情况。对申请产粮大县政策支持的，省级财政部门及有关中央单位应单独报告产粮大县三大粮食作物投保情况，包括产粮大县名单、产粮大县三大粮食作物种植面积、投保面积、保险金额、2015年以来各级财政补贴比例等。

（六）相关表格。省级财政部门及有关中央单位应填报上年度中央财政农业保险保险费补贴资金结算表，当年中央财政农业保险保险费补贴资金测算表以及《农业保险保险费补贴资金到位承诺函》，专员办对上年度资金结算情况进行审核后，填报中央财政农业保险保险费补贴资金专员办确认结算表。

（七）其他材料。财政部要求、地方财政部门认为应当报送或有必要进行说明的材料。

第二十六条 地方财政部门及有关中央单位对报送材料的真实性负责，在此基础上专员办履行审核职责。专员办重点审核上年度中央财政补贴资金是否按规定用途使用、相关险种是否属于中央财政补贴范围、中央财政补贴资金是否层层分解下达等。专员办可根据各地实际情况以及国家有关政策规定，适当扩大审核范围。

原则上，专员办应当在收到结算材料后1个月内，出具审核意见送财政部，并抄送相关财政部门或中央单位。省级财政部门及有关中央单位应当在收到专员办审核意见后10日内向财政部报送补贴资金结算材料，并附专员办审核意见。

第二十七条 省级财政部门及有关中央单位应加强和完善预算编制工作，根据补贴险种的投保面积、投保数量、保险金额、保险费率和保险费补贴比例等，测算下一年度各级财政应当承担的保险费补贴资金，并于每年10月10日前上报财政部，并抄送对口专员办。

第二十八条 对未按上述规定时间报送专项资金申请材料的地区，财政部和专员办不予受理，视同该年度该地区（单位）不申请中央财政农业保险保险费补贴。

第二十九条 对于省级财政部门和中央单位上报的保险费补贴预算申请，符合本办法规定条件的，财政部将给予保险费补贴支持。

第三十条 财政部在收到省级财政部门、中央单位按照本办法第二十五条规定报送的材料以及专员办审核意见，结合预算收支和已预拨保险费补贴资金等情况，清算上年度并拨付当年剩余保险费补贴资金。

对以前年度中央财政补贴资金结余较多的地区，省级财政部门（中央单位）应当进行说明。对连续两年结余资金较多且无特殊原因的地方（中央单位），财政部将根据预算管理相关规定，结合当年中央财政收支状况、地方（中央单位）实际执行情况等，收回中央财政补贴结余资金，并酌情扣减该地区（单位）当年预拨资金。

第三十一条 省级财政部门在收到中央财政补贴资金后，原则上应在1个月内对保险费补贴进行分解下达。地方财政部门应当根据农业保险承保进度及签单情况，及时向经办机构拨付保险费补贴资金，不得拖欠。

第三十二条 省级财政部门应随时掌握补贴资金的实际使用情况，及时安排资金支付保险费补贴，确保农业保险保单依法按时生效。对中央财政应承担的补贴资金缺口，省级财政部门可在次年向财政部报送资金结算申请时一并提出。

第三十三条 保险费补贴资金支付按照国库集中支付制度有关规定执行。

上级财政部门通过国库资金调度将保险费补贴资金逐级拨付下级财政部门。保险费补贴资金不再通过中央专项资金财政零余额账户和中央专项资金特设专户支付。

有关中央单位的保险费补贴资金，按照相关预算管理体制拨付。

第六章 机构管理

第三十四条 省级财政部门或相关负责部门应当根据相关规定，建立健全补贴险种经办机构评选、考核等相关制度，按照公平、公正、公开和优胜劣汰的原则，通过招标等方式确定符合条件的经办机构，提高保险服务水平与质量。招标时要考虑保持一定期限内县域经办机构的稳定，引导经办机构加大投入，提高服务水平。

第三十五条 补贴险种经办机构应当满足以下条件：

（一）经营资质。符合保险监督管理部门规定的农业保险业务经营条件，具有经保险监管部门备案或审批的保险产品。

（二）专业能力。具备专门的农业保险技术人才、内设机构及业务管理经验，能够做好条款设计、费率厘定、承保展业、查勘定损、赔偿处理等相关工作。

（三）机构网络。在拟开展补贴险种业务的县级区域具有分支机构，在农村基层具有服务站点，能够深入农村基层提供服务。

（四）风险管控。具备与其业务相适应的资本实力、完善的内控制度、稳健的风险应对方案和再保险安排。

（五）信息管理。信息系统完善，能够实现农业保险与其他保险业务分开管理，单独核算损益，满足信息统计报送需求。

（六）国家及各地规定的其他条件。

第三十六条 经办机构要增强社会责任感，兼顾社会效益与经济效益，把社会效益放在首位，不断提高农业保险服务水平与质量：

（一）增强社会责任感，服务"三农"全局，统筹社会效益与经济效益，积极稳妥做好农业保险工作；

（二）加强农业保险产品与服务创新，合理拟定保险方案，改善承保工作，满足日益增长的"三农"保险需求；

（三）发挥网络、人才、管理、服务等专业优势，迅速及时做好灾后查勘、定损、理赔工作；

（四）加强宣传公示，促进农户了解保险费补贴政策、保险条款及工作进展等情况；

（五）强化风险管控，预防为主、防赔结合，协助做好防灾防损工作，通过再保险等有效分散风险；

（六）其他工作。

第三十七条　经办机构应当按照《财政部关于印发〈农业保险大灾风险准备金管理办法〉的通知》（财金〔2013〕129号）的规定，及时、足额计提农业保险大灾风险准备金，逐年滚存，逐步建立应对农业大灾风险的长效机制。

第三十八条　除农户委托外，地方财政部门不得引入中介机构，为农户与经办机构办理中央财政补贴险种合同签订等有关事宜。中央财政补贴险种的保险费，不得用于向中介机构支付手续费或佣金。

第七章　监督检查

第三十九条　省级财政部门应当按照中央对地方专项转移支付绩效评价有关规定，建立和完善农业保险保险费补贴绩效评价制度，并探索将其与完善农业保险政策、评选保险经办机构等有机结合。

农业保险保险费补贴主要绩效评价指标原则上应当涵盖政府部门（预算单位）、经办机构、综合效益等。各单位可结合实际，对相关指标赋予一定的权重或分值，或增加适应本地实际的其他指标，合理确定农业保险保险费补贴绩效评价结果。

各省级财政部门应于每年8月底之前将上年度农业保险保险费

补贴绩效评价结果报财政部，同时抄送对口专员办。

第四十条 财政部将按照"双随机、一公开"等要求，定期或不定期对农业保险保险费补贴工作进行监督检查，对农业保险保险费补贴资金使用情况和效果进行评价，作为研究完善政策的参考依据。

地方各级财政部门应当建立健全预算执行动态监控机制，加强对农业保险保险费补贴资金动态监控，定期自查本地区农业保险保险费补贴工作，财政部驻各地财政监察专员办事处应当定期或不定期抽查，有关情况及时报告财政部。

第四十一条 禁止以下列方式骗取农业保险保险费补贴：

（一）虚构或者虚增保险标的，或者以同一保险标的进行多次投保；

（二）通过虚假理赔、虚列费用、虚假退保或者截留、代领或挪用赔款、挪用经营费用等方式，冲销投保农户缴纳保险费或者财政补贴资金；

（三）其他骗取农业保险保险费补贴资金的方式。

第四十二条 对于地方财政部门、经办机构以任何方式骗取保险费补贴资金的，财政部及专员办将责令其改正并追回相应保险费补贴资金，视情况暂停其中央财政农业保险保险费补贴资格等，专员办可向财政部提出暂停补贴资金的建议。

各级财政、专员办及其工作人员在农业保险保险费补贴专项资金审核工作中，存在报送虚假材料、违反规定分配资金、向不符合条件的单位分配资金或者擅自超出规定的范围或者标准分配或使用专项资金，以及滥用职权、玩忽职守、徇私舞弊等违法违纪行为的，按照《预算法》、《公务员法》、《行政监察法》、《财政违法行为处罚处分条例》等国家有关规定追究相应责任；涉嫌犯罪的，移送司法机关处理。

第八章　附　则

第四十三条　各地和经办机构应当根据本办法规定，及时制定和完善相关实施细则。

第四十四条　本办法自 2017 年 1 月 1 日起施行。《财政部关于印发〈中央财政种植业保险保险费补贴管理办法〉的通知》（财金〔2008〕26 号）、《财政部关于印发〈中央财政养殖业保险保险费补贴管理办法〉的通知》（财金〔2008〕27 号）、《财政部关于中央财政森林保险保险费补贴试点工作有关事项的通知》（财金〔2009〕25 号）同时废止，其他有关规定与本办法不符的，以本办法为准。

保险违法行为举报处理工作办法

中华人民共和国保监会令
2015 年第 1 号

《保险违法行为举报处理工作办法》已经 2014 年 12 月 25 日中国保险监督管理委员会主席办公会审议通过，现予公布，自 2015 年 3 月 1 日起实施。

保监会主席
2015 年 1 月 4 日

第一章　总　则

第一条　为了规范中国保险监督管理委员会（以下简称"中国保监会"）及其派出机构的举报处理工作，保障举报处理工作顺利开展，维护保险市场秩序，根据《中华人民共和国保险法》等有关法律、行政法规，制定本办法。

第二条　本办法所称举报，是指举报人认为被举报人有保险违法行为，依法向中国保监会及其派出机构反映，申请其履行法定监管职责的行为。

本办法所称举报人,是指向中国保监会及其派出机构举报保险违法行为的公民、法人或者其他组织。

本办法所称保险违法行为,是指违反有关保险监管的法律、行政法规和中国保监会的规定,依法应当承担相应法律责任的行为。

本办法所称被举报人的范围,包括保险机构、保险中介机构和保险从业人员,以及涉嫌非法设立保险机构、保险中介机构和非法经营保险业务、保险中介业务的公民、法人或者其他组织。

第三条　举报处理工作应当遵循统一领导、分级负责的原则。

第四条　中国保监会及其派出机构应当健全举报处理工作制度机制,依法、公正、及时处理举报事项。

第五条　中国保监会及其派出机构应当在官方网站公开受理举报的通信地址、联系电话、传真号码、电子信箱等信息。

第二章　工作机构和职责

第六条　中国保监会履行下列职责:

(一) 建立健全举报处理工作规章制度;

(二) 建立完善举报管理信息系统;

(三) 受理并调查处理涉及保险公司、保险集团公司和保险资产管理公司及相关保险从业人员的举报,涉及面广、影响大的举报,以及其他依法应当由中国保监会处理的举报;

(四) 向派出机构交办举报事项;

(五) 指导和督办举报处理;

(六) 开展调查研究和统计分析;

(七) 承办与举报处理相关的其他工作。

第七条　派出机构履行下列职责:

（一）受理并调查处理涉及本单位监管职责范围内的保险机构、保险中介机构以及上述机构的保险从业人员的举报，以及擅自设立保险机构或者保险中介机构，非法经营保险业务和保险中介业务的举报；

（二）调查处理中国保监会交办的举报事项；

（三）牵头处理或者协助其他派出机构处理跨区域举报；

（四）开展调查研究和统计分析，定期向中国保监会报告辖区内举报处理情况；

（五）承办与举报处理相关的其他工作。

第八条　中国保监会稽查局是举报处理工作的管理部门，负责对举报处理工作进行监督和管理。

派出机构应当指定处室负责辖区内举报处理工作。

第三章　举报的受理和答复

第九条　举报分为实名举报和非实名举报。举报人在举报时提供本人真实姓名（名称）、证件号码和有效联系电话等信息的属于实名举报。

举报人向中国保监会及其派出机构提出举报，可以采取邮寄、传真、电子邮件等方式，也可以采取电话、面谈等方式。

五名以上举报人拟采取面谈方式共同提出举报的，应当推选一至二名代表。

第十条　举报同时符合下列条件的，予以受理：

（一）举报事项属于本单位的监管职责范围；

（二）有明确的被举报人；

（三）有保险违法行为的具体事实，及相关的证据或者线索。

第十一条　有下列情形之一的，中国保监会及其派出机构不予受理：

（一）已经受理的举报，举报人在处理期间再次举报，且举报内容无新的事实、证据或者线索；

（二）已经办结的举报，举报人再次举报，且举报内容无新的事实、证据或者线索；

（三）已经或者依法应当由其他国家机关处理的。

第十二条 中国保监会及其派出机构应当在收到举报之日起10个工作日内审查决定是否受理。

实名举报人要求告知受理情况的，可以通过电话或者书面方式告知。

举报材料不符合本办法第十条第二项、第三项规定的实名举报，可以要求举报人补充提供有关材料。受理审查时限自收到完整材料之日起计算。

第十三条 对于不属于本单位负责处理的举报，应当在收到举报之日起5个工作日内转交其他有职责的单位。接受转交的单位应当在10个工作日内审查决定是否受理。

中国保监会可以将举报事项交派出机构调查处理。接受交办的派出机构应当按照中国保监会的要求及时反馈有关情况。

第十四条 对于属于信访或者消费投诉事项的，应当在收到相关材料之日起5个工作日内将该事项转至本单位信访或者消费投诉工作机构。

第十五条 举报涉及多个派出机构管辖的，由违法行为发生地派出机构受理。涉及多个违法行为发生地的，由第一个接到举报的派出机构受理，或者报请中国保监会指定一个派出机构受理，相关派出机构应当予以配合。

第十六条 中国保监会及其派出机构应当在受理后及时开展对举报的调查工作。自受理之日起60日内，应当将调查结论答复实名举报人，但因案件调查需保密的除外。

第四章 监督和管理

第十七条 中国保监会发现派出机构对举报处理有下列情形之一的,应当及时督办:

(一) 未按规定程序处理举报的;

(二) 存在推诿、敷衍、弄虚作假等情形的;

(三) 存在需要督办的其他情形。

第十八条 中国保监会建立举报处理工作定期报告制度,派出机构应当分别于每年一月十日和七月十日前向中国保监会报告上一年度和上半年的举报处理情况。

第十九条 中国保监会及其派出机构应当充分运用信息技术,加强对举报处理工作的信息管理。

第二十条 中国保监会及其派出机构工作人员在举报处理工作中,应当遵守法律、行政法规以及保险监管人员行为准则和工作程序,严格执行保密制度。

第二十一条 举报人提出举报,应当遵守法律、行政法规,对所提供材料内容的真实性负责。举报人捏造、歪曲事实,诬告陷害他人的,依法承担法律责任。

第五章 附 则

第二十二条 对于外国保险机构擅自在中华人民共和国境内设立代表机构,以及外国保险机构驻华代表机构从事保险经营活动的举报,适用本办法。

第二十三条 本办法规定的举报,符合《保险消费投诉处理管理办法》第二条第三款规定情形的,适用《保险消费投诉处理管理办法》。

第二十四条 中国保监会对于与举报处理相关的监管职责另有规定的,从其规定。

第二十五条 本办法所称保险机构,是指经中国保监会或者派出机构批准设立的保险公司、保险集团公司、保险资产管理公司和上述机构的分支机构。

本办法所称保险中介机构,是指经中国保监会或者派出机构批准设立的保险专业代理公司、保险经纪公司、保险公估机构和上述机构的分支机构,以及保险兼业代理机构。

本办法所称的保险从业人员,是指保险机构工作人员、保险中介机构从业人员,以及其他为保险机构销售保险产品的保险销售从业人员。

第二十六条 本办法由中国保监会负责解释。

第二十七条 本办法自2015年3月1日起施行。